大都會文化
METROPOLITAN CULTURE

大都會文化
METROPOLITAN CULTURE

有一種心態叫放下

全新修訂版

前言

放下，是一種心態的選擇；放下，是一門心靈的學問；放下，是一種生活的智慧。

放下壓力，獲得輕鬆；放下煩惱，獲得快樂；放下自卑，獲得自信；放下懶惰，獲得充實；放下消極，獲得進取；放下抱怨，獲得舒心；放下猶豫，獲得瀟灑；放下狹隘，獲得自在……人生在世，有些東西是根本沒必要讓它存在的。只有懂得該放下時就放下，你才能夠騰出手來，抓住真正屬於你的快樂和幸福。

為什麼生活富裕了，壓力卻愈來愈大；收入增加了，快樂卻愈來愈少，愁苦隨著壓力的增長而增長……人為什麼有這麼多的愁苦？其根本原因就是因為人們沒有學會放下。

有時候，我們得有一種豁達的、能放下的心態，有些事是根本不值得我們惦記的。面對人世紛雜、塵事庶務、名利地位、私心雜念、聲色犬馬……該放下的就得放下，把什麼都抓在手裡，也是種累。古往今來，不少功成名就之人，或捐資濟世，或甘於淡泊，出入於世，都是勇於並捨得「放下」。在放下的同時，獲得的是意外的、雋永的、更高層次的幸福。放下使人格得以提升，使人性趨於完美。

我們要想生存，就必須學會放下。放下那些看似最有利可圖卻不能令人再進步的東西，只有鼓起勇氣，不斷放下，才能攀登人生的另一高峰。為了熊掌，可以放下魚；為了事業的成功，可以放下消遣娛樂；為了純真的愛情，可以放下金錢；為了崇高的真理，可以放下利祿乃至生命……要想有所成就，就要懂得保留生命中最有價值、最必要、最純粹的部分，放下不必要的牽掛與累贅，輕裝上陣。

伏爾泰說：「使人疲憊的不是遠方的高山，而是鞋裡的一粒沙子。」在人生的道路上，要想邁步遠行，就必須學會隨時倒出「鞋裡」的那粒「沙子」。這小小的「沙粒」就是那些需要放下的東西。放下之後，你會看到天空的蔚藍，感受到陽光的溫暖；你會聞到芳草的清香，聽到動人的音樂……當你決定放下的那一刻，也許你就找回了自己，找回了快樂。

放下是一種人生哲學，是灑脫，是積極的人生態度。學會放下，也就學會了解脫，這有助於我們在人生前行的路上坦然面對一切，成為更大的贏家。

放下是一種睿智的表現，是一種生活智慧。絕對不是一種隨意捨棄的態度，一切隨緣，一切莫強求，它不僅可以帶給你幸福的生活，還會為你的人生增光添彩。

目錄

第七章　自主創業，輸贏自定——愈放下愈成功　193

第八章　修身養性，心隨意動——愈放下境界愈高　215

第一章
為人處世，正確取捨——
愈放下得愈多

放下是處世的哲學，也是做人做事的藝術。

有一種處世方法叫「放下」。獲得幸福的不二法門是珍惜所擁有的，放下無法擁有的。為人處世當以誠相待，以和為貴，能放下且放下，寬容一點，給自己留下的是海闊天空。

1・要拿得起更要放得下

人生在世，大致有如下幾種活法：拿得起放得下，拿得起放不下，拿不起放得下，拿不起放不下。唯獨拿得起又放得下，才能成就最完美的人生。

——《拿得起放得下》

拿得起，放得下。堅持不一定就是勝利

拿得起，放得下。堅持不一定就是勝利，必要的時候放棄也是明智的選擇。人生在世，該堅持時要堅持，該放棄時要放棄。

「堅持就是勝利」，在多數人的心裡已經成了亙古不變的箴言，但是人們卻忽略了正確的堅持才是勝利的前提，只有你所堅持的方向是正確的，你所走的道路是適合你的，你才能到達勝利的彼岸，否則，不但不會勝利，反而會離目標愈來愈遠。

有一個美國青年無意中發現了一則能將清水變汽油的廣告。這個青年特別喜

歡研究，滿腦子都是一些稀奇古怪的想法。他渴望有一天成為舉世矚目的發明家，全世界的人都能享用到他的發明創造。

所以，當他看到能將水變汽油的廣告時，馬上來了興致，他買來了資料，把自己關在屋子裡，不接待串門的客人，拔掉電話線，關上手機，切斷了一切與外界的聯繫。他說他需要絕對的安靜，需要絕對的專心，直到這項偉大的發明成功為止。

青年不分晝夜地、廢寢忘食地研究著，常常兩頓飯合成一頓吃。就連飯都是母親從門縫裡遞進去的，以免母親進來打擾他。善良的母親看見自己的兒子越來越瘦，終於忍不住了，趁兒子上廁所的時候，溜進他的臥室，看了他的研究資料。她還以為兒子的研究有多麼偉大，原來是研究如何將水變成汽油，可這是不可能的事情。

母親不能眼睜睜地看著兒子陷入荒唐的泥潭無法自拔，於是就勸兒子說：「你要做的事情根本不符合自然規律，別再瞎忙了。」可這位青年根本就聽不進去，他頭一昂，回答說：「只要堅持下去，我相信總會成功的，堅持就是勝利。」

三年，五年，十年……一轉眼間，青年已白髮蒼蒼，父母死了，沒有工作，他只能靠政府的救濟勉強度日。可是他卻「屢敗屢戰，屢戰屢敗」，繼續他的研究。

一天，一位多年不見的朋友來看他，看見了他的研究計畫，驚愕地說：「原來是你！幾十年前，我因為無聊貼了一份水變汽油的假廣告。後來有一個人向我郵購所謂的資料，原來那個人就是你！」

聽完這一番話，青年瘋了，最後住進了精神病院。

堅持需要很大的勇氣，放棄需要更大的勇氣，當你發現自己走錯路時，就應該果斷地放棄。可是有的人往往沒有這種勇氣，或者說：已經走到這一步了，已經無法回頭了，已經沒有選擇了，只能夠這樣走下去了；或者說，這是老天爺要自己這樣做的，這是命中註定的。

什麼「無法回頭」，什麼「命中註定」，其實都是為自己缺乏勇氣面對現實而找的藉口，是害怕自己放棄之後，不但改變不了困境，反而會陷入更大的困境。有這樣的擔憂可以理解，但你要知道，你已經在困境裡面了，如果不出來，你就永遠在困境裡面，而你一旦邁出了第一步，多一個選擇，就會多一份希望。

有時候，堅持不一定就是好的，而放棄不一定就是消極的。只有前進方向正確，才能離目的愈來愈近，如果方向不對，只會愈走愈遠。這時，只有不再堅持，選擇放棄，等確定方向再重新努力才是明智之舉。

放得下——處世的真諦

為什麼處在同樣的一個世界，有的人活得輕鬆灑脫，有的人卻活得沉重？因為前者拿得起，放得下；而後者是拿得起，卻放不下。

所以，有人說：人生最好的狀態就是拿得起，放得下。因為只有這樣，你才能活得輕鬆而幸福。

人生之路是坎坷的，也許有時生活會逼迫你不得不交出權力，不得不放走機遇，甚至不得不拋棄愛情。因為，人生沒有完美，你不可能什麼都得到，所以，在生活中應該學會放棄。

而現實卻是，許多人不是拿不起來，而是放不下，人們不想丟掉手中的東西，卻又要拿起更多的東西。

那些苦苦地挽留夕陽的人，是傻子；久久地感傷春光的人，是蠢人。那些什麼也不願放棄的人，失去的東西往往也就愈多。

成功者之所以能夠成功，是因為他們不計較一時的得失，知道放棄，放棄些什麼，如何放棄。放棄，你才能輕裝前進；放棄，你才能擺脫煩惱的糾纏，從而使整個身心沉浸在輕鬆悠閒的寧靜之中。

放棄不僅可以改變你的形象，使你顯得豁達豪爽，還會使你贏得眾人的信賴，讓你變得更加精明、更加能幹、更有力量。

只有放得下，才能把該拿起的東西更好地把握住，從而抓住最重要的東西。只有如此，人生才會有一個更好的結局。

朋友們，學會放棄吧！放棄失戀帶給你的痛苦，放棄屈辱留下的仇恨，放棄心中所有難言的負荷，放棄費盡精力的爭吵，放棄對權力的角逐，放棄對虛名的爭奪……凡是次要的、枝節的、多餘的，該放棄的都要放棄。拿得起，難能可貴，然而，放得下才是人生處世之真諦。

智慧品人生

放棄不是懦弱，相反是一種勇氣，一種戰勝自我、超越自我的勇氣。你放棄了一個無法實現的理想，卻促成了一個新事物的誕生。你似乎是在放棄，其實那是另外一種堅持。每個人都應該學會在堅持中放棄，在放棄中堅持。

2．不要苛求百分之百的公平

生活是不公平的，要去適應它。

——比爾．蓋茲

百分之百的公平是不存在的

生活中，這樣的現象時常在我們的身邊發生：沒有能力的人身居高位，有能力的人懷才不遇；做事做得少或者不做事的人，拿的薪水要比做事多的人還要高；同樣的一件事情，你做好了，老闆不但不表揚還要雞蛋裡挑骨頭，而另外一個人把事情做砸了，卻得到老闆的誇獎和鼓勵……諸如此類的事情，我們看了就生氣，會理直氣壯地說：「這簡直太不公平了！」

不公平，是一個讓很多人感到受傷的詞語，許多人都覺得自己在受著不公平的待遇。事實上，這個世界根本就沒有百分之百的公平，你愈是想尋求百分之百的公平，就愈會覺得別人對自己不公平。

小張和小徐同一天進公司，且被安排在同一個部門。剛開始的時候，小張和小徐沒有什麼兩樣。一星期上五天班，早上九點上班，下午六點下班，上下班打卡，遲到早退要扣薪水，有事不來要向人事部門請假……

可就在一個月後，小張發現小徐變了，最大的變化就是經常不來上班。小張一開始時以為小徐是有什麼事情而不來上班，也沒覺得怎樣。可有一次，在公司上MSN聯繫一筆業務的時候，他發現小徐也在線上。小張出於好奇就問小徐：「你今天怎麼不來上班呢？有事嗎？不來上班要扣錢的。」小徐只是說自己有事並沒多說什麼。小張出於好意問小徐要不要自己替他請假，小徐直截了當地告訴他不用，他不來上班從來就沒有請過假。

在發薪水的那一天，小張留意了一下，發現給小徐的薪水和自己的一模一樣，也就是說這一個月小徐遲到、早退、不來上班沒有扣一分錢薪水。

小張開始納悶了，他想，難道是公司的制度有了變化？於是，他也學小徐，一週只來兩三天，其他的日子去做別的事情。到了月底發薪水的時候，小張大吃一驚，自己的薪水被扣掉了一半！理由是，他有一半的時間沒來上班。小張很生氣，他覺得太不公平了，於是氣呼呼地去找財務理論。財務讓他去找老闆理論，說自己也只是按規定辦事。

這時候，平時和小張關係不錯的一個老員工偷偷地告訴他：「你別去找老闆了。你還不知道吧，小徐是他的外甥。」小張聽了，恍然大悟，原來如此啊！幸虧沒去找老闆，否則後果不堪設想。從此以後，小張再也不苛求所謂的公平了。

現實生活中，絕對的公平是不存在的，有時，一味地追求公平往往不會有好結果，你所知道的表象，不一定能成為你申訴的理由，所以，對此你不必憤憤不平。

不僅是職場，其他領域也是一樣，這個世界不是根據公平的原則創造的。老鷹吃蛇，蛇吃鼠，鼠又吃糧食……只要看看大自然就可以明白，世界對於這些受到威脅的弱者來說永遠是不公平的，弱肉強食，優勝劣汰，沒有公平可言。如果只是一味地追求絕對的公平，只會導致心理嚴重失衡，使自己變得浮躁不安。何不放下這種追求絕對公平的心態，使自己的心靈得以解脫呢？放下，就是快樂。

生活是不公平的，要去適應它

比爾．蓋茲說：「生活是不公平的，要去適應它。」的確，生活上有太多的事情都充滿著不公平。就像選秀，你認為自己比其他人優秀，你的投票率會最高，但最後結果可能是評審都沒選中你，你肯定覺得比賽有黑幕、不公平，是他們使你喪失了一個能夠一夜成名的機會。

其實，這所謂的公平無非是想得到別人的認可和讚揚，是自己的虛榮心在作怪。只要自己努力過，參與過，享受過過程就夠了，結果只是錦上添花而已，得到大多數人的認可已經是勝利者了。若是把冠軍給了你，激動一段時間之後，往後的日子也還是一樣要過，「生、老、病、死」都一樣要經歷。

不要執著於眼前的名和利，做自己喜歡做的事情，享受這個過程的樂趣，不要只為了別人對自己的評價而活。如果是那樣，你所做的每樣事情都將變成為別人而做，不是為自己而做了。

追求公平的心態阻礙著人的正常發展，只有放下這種無謂的追求，才能夠迎來和諧快樂的人生。所以，當你遇到讓你感到不公平的事情時，一定要妥善地處理：

1.不必事事苛求絕對的公平。世界上根本就沒有絕對的公平，因此不必事事都拿著一把公平的尺去衡量，否則就是自己與自己作對。

2.改變你衡量公平的標準。不公平只是你的主觀感覺，只要你從心底改變一下這個標準，就能夠消除這種發自心底的不公平感。這次沒升為主管，覺得很不公平，換一個角度，想想主管的名額有限，許多和自己條件一樣甚至強於自己的人也沒當上，也許你就不會那麼不開心了。

3.設法通過自己的奮鬥和努力來求得公平。人都需要得到別人的尊重與肯定，有些看似不公平的事正是自己不成熟的觀念與言行造成的，所以就要通過自己的奮鬥和努力來求得公平。

不要斤斤計較生活中的小事，不要耿耿於懷已經過去的事情，多把精力和時間放在創造新的價值上。這樣，也許就單個事情來說不一定公平，但從整體上來說就公平了。

智慧品人生

任何時候，公平都是相對而言的，衡量公平的標準也不是固定不變的，所謂的不公平只不過是進行比較後的主觀感覺，所以只要我們改變一下比較的標準，就能夠在心理上消除不公平感。

當你換個角度來看問題時，你會發覺自己得到的比失去的要多。不要苛求百分之百的公平，放下無謂的公平追求，你會發現人生其實還有更多有意義的事情在等著你去做！

3・算計別人就是算計自己

人與人之間，只有真誠相待，才是真正的朋友。誰要是算計朋友就等於自己欺騙自己。

——吉・阿布巴爾・伊芒

算計別人不可取

大多數人考慮事情都是從個體本位出發，先考慮這件事情會對我有什麼傷害、影響，再考慮其對別人的利益、影響，從而決定自己的具體行動，以及這些行動能給自己帶來多大的利益。衡量來衡量去後，才挑出一個自認為對自己有最大好處的選擇。

然而，事情的結果，並不能就按著當初自己想的那樣進行順利，並達到預計的目標。以己出發，剛開始會心滿意足，到最後，可能你失去的比得到的更多。

與人交往時，心胸狹隘的人，是那些常常不能真誠待人，甚至嫉妒心異常嚴重的人，是最會不擇手段地算計別人的人。

春秋戰國時期，孫臏、龐涓兩人共同師於鬼谷子門下，但是他們所學內容並不一樣。孫臏將所學的都教給了龐涓，當孫臏問及龐涓都學了些什麼的時候，龐涓總是支支吾吾，敷衍搪塞。

學習一段時間之後，龐涓認為憑自己的能力足以縱橫天下了，便下山去闖蕩江湖，最後他做了魏國的駙馬。可是當他得知孫臏還在跟著師傅學藝的消息後，感到孫臏是自己潛在的競爭對手，必須設法將其除掉。

在龐涓幾次「盛情邀請」之下，孫臏應邀到了魏國。隨後，龐涓設計陷害孫臏並挖掉了孫臏的膝蓋骨，孫臏不得已以裝瘋賣傻的方式，來打消龐涓繼續殘害自己的念頭。機關算盡的最後，反而是龐涓被孫臏困在馬陵，落了一個亂箭穿身的下場。

龐涓這麼精明的一個人，一心想著算計別人，結果最倒楣的事情卻落到了他自己身上。精明之所以有時會壞事，是因為精明走到極端就是狡詐，「機關算盡太聰明，反誤了卿卿性命」。

精於算計別人的人，不但算計了別人，也算計了自己。因此有人說，糊塗比精明好，其實糊塗之所以有時比精明好，是因為犯了錯誤之後，大家知道他不是故意的，容易得到大家的原諒。坦蕩的人更是深明這個道理，所以他們不會無端地算計他人。

日常生活中，每個人都要時常提醒自己，寧願吃一點虧，也不能為一點利益，想方設法地算計自己的朋友。那樣你會失去朋友，失去他們的關懷以及他們對你的信任。

算計別人，也許你得到了你想要的，但會失去你本來在別人那兒所擁有的。算計別人害人又害己，遠離算計，放棄這種「小聰明」，你就會成為一個處處受人歡迎的人！

算計，害人又害己

愛算計的人，通常是一個事事計較的人，算計容易讓人失掉平靜，處在一事一物的糾纏裡。而一個經常失去平靜的人，在生活中是無法得到平衡和滿足的，他們總是與別人鬧意見，分歧不斷，內心充滿了衝突。

愛算計的人，心臟的跳動比平常人快，睡眠不好，失眠也總是與之相伴。消化系統易受損害，氣血不調，免疫力下降，容易患神經、皮膚疾病。最可怕的是，他們都是經常注重陰暗面的人，總在發現問題、發現錯誤，總在懷疑一切，常常把自己擺在世界的對立面。他們處處擔心、事事設防，內心總是灰色的，這實在是一種莫大的不幸，這使他們的生命變得沒有色彩。

佳君才四十出頭，卻已未老先衰，病魔與她形影不離，折磨得她痛不欲生。瞭解她的人都會在同情之餘加上一句感嘆：「她太會算計了，是算計害了她。」她與婆婆和妯娌的關係不好，一點雞毛蒜皮的家庭利益，都能讓她琢磨成許多原則性的問題，親情在她的算計中淡去，最後竟到了老死不相往來的地步。

在工作中，她也很會算計。特別是當部門晉升幹部、加薪評獎時，她會對上司和同事的一個臉色、一句不經意的話特別敏感，並反覆研究，按照自己算計得出的結果，集中力量進行反擊。於是，她自己人為地與同事之間畫了一條防線，嚴防死守，還不時出擊，最終是傷人也傷己。

她一個知心朋友都沒有，沒有和諧的工作環境和家庭環境，整日被算計的焦慮困擾著，常常是坐臥不寧，苦思冥想，處心積慮，最終導致了她脫髮、消瘦、心律失常。過度的算計是會致人病、要人命的。

喜歡算計的人，容易對人、對事產生不滿和憤恨，所以人際關係不佳，事情處理不好。這樣的結果會使算計者窮盡心力，進行再算計、再反擊，最後導致惡性循環。

人們常說：「大事聰明，小事糊塗。」算計的對立面是糊塗。對於大事，原則問題，應該頭腦清醒，毫不含糊。對那些不重聽的話和看不慣的事，裝作沒聽見、沒看見。這種「小事糊塗」的處事態度，不僅可以為你贏得良好的人際關係，也是健康長壽的祕訣之一。

智慧品人生

如果一個人能做到「小事糊塗」，心胸就會開闊，就會使他人感到可敬、可親、可愛，從而使自己的內心獲得溫暖與滿足。在遇到人際紛爭的事情時，就能讓人三分，息事寧人，使緊張的氣氛變得輕鬆。特別是當處在困境或遭遇挫折時，「糊塗」更能幫助人消除心理上的痛苦和疲倦。

停止你的算計，用你的真誠去為人處世，相信你一定會生活在祥和的環境與氣氛中，你自然也就會輕鬆愉快，健康長壽！

4．戰則敗，不戰則勝

古之所謂善戰者，勝於易勝者也。故善戰者之勝也，無智名，無勇功，故其戰勝不忒。不忒者，其所措勝，勝已敗者也。故善戰者，立於不敗之地，而不失敵之敗也。是故勝兵先勝而後求戰，敗兵先戰而求後勝。

——孫子

贏了戰爭，卻輸了一生

三國時期，東吳的大將周瑜，聰明過人。可是，他卻對蜀相諸葛亮一直耿耿於懷，幾次想除掉諸葛亮，但是都未能得逞。赤壁之戰，周瑜損兵折將，也費了不少錢糧，到最後卻讓諸葛亮從中撿個大便宜，氣得周瑜「大叫一聲，金瘡迸裂」。

隨後，周瑜用美人計，騙劉備去東吳成親，被諸葛亮將計就計，結果是「賠了夫人又折兵」，氣得周瑜又「大叫一聲，金瘡迸裂」。後來，周瑜又用「假途滅虢」之計，想謀取荊州，還是被諸葛亮識破。諸葛亮四路兵馬圍攻周瑜，並寫信規勸他，所以周瑜仰天長歎「既生瑜，何生亮」，連叫數聲而亡。

周瑜為什麼會失敗？這主要是因為他在人生這場戰鬥中，沒有採取正確的戰術。與人作戰，如果你處於下風的話，那麼「保住自己」是當務之急。雖然弱者也可利用矛盾，利用強者之弱來獲得「生存之地」，但你也必須時時面對強者的壓力，因此「保住自己」也不是一件容易的事情。如果你面對的是實力高於自己的對手，絕不可為了擺脫壓力而主動求戰，這樣雖也可能獲勝，但勝也肯定是勝得淒慘。所以，在這種情況下，「不戰」才是上策，否則就好比是拿胳膊去和大腿較勁，結果只會是自取其辱。

弱者採取「不戰」的策略可以避免損失，可以避免失去「生存之地」，只有「生存」下去，才有可能在一段時間之後成為「強者」，在態勢上取得「勝利」。所以，「戰則敗，不戰則勝」這句話對「弱者」來說是很有作用的。

對與自己勢均力敵的對手，「戰」的結果很有可能是兩敗俱傷。所以，如果不是實屬無奈，最好不要去招惹和自己勢均力敵的對手。如果你的能力還不夠強大，就不要去跟對手一決高下。去拼，雖然也有可能獲得意外的成功，但這種可能性並不大，通常的結果是失敗了，折損了自己的壯志，也惹來嘲笑，在別人的眼中，你的失敗是「能力不足」、「自不量力」的結果。

所以，與對手勢力相差無幾時，不戰，自然可以降低損傷，可以和對手維持和諧的關係，也可以透過冷靜的觀察，掌握對方的動向，以便做到「知彼知己」，那時即使對手先出手，自己也可以鎮定迎戰。

若對手弱於自己，那麼就算他百般挑釁，也不要受騙上當，要堅決不與之一般見識，因為與能力低下甚至是跳樑小丑式的人物「交戰」，不僅會白白消耗自己的精力，還會令自己變得鄙俗起來，即使贏了也不光彩。

人在社會上生存，遇到競爭對手是在所難免的。在與對手競爭時，必須要去分析對手的實力，有必要在戰與不戰的問題上權衡再三。

有時候，你雖然贏了戰爭，結果卻輸了一生。放下你的好戰心理，你其實就已經勝了，因為，戰則敗，不戰則勝。

智慧品人生

人生如戰場。很多人都認為，要想成為強者，成為勝利者，就必須經過一番「激戰」或長時間的「持久戰」，一決高下。殊不知人生這場戰鬥遠比真槍實炮的戰鬥複雜多了，它沒有規則，只重結果；它的兵法千奇百怪，講究的就是智慧。

如果你總想著與別人一戰決高下，那麼你的人生將變得更加坎坷，也許在「戰爭」中，你勝利了，可是在為人中，你卻失敗了，你贏得了「戰爭」，卻失去了朋友。做人，一定要銘記：戰則敗，不戰則勝。

為人處世，正確取捨——愈放下得愈多

5．不必凡事都爭個明白

如果你老是抬槓，反駁，即使偶爾能獲勝，那也只是空洞的勝利，但是你將永遠得不到對方的好感。

——班傑明．富蘭克林

心胸放寬，走自己的路

一個旅遊者在一次去義大利卡塔尼山旅遊時，發現了一塊墓碑，碑文記載了一個名叫托比的人是怎樣被老虎吃掉的事件。因為卡塔尼山就在柏拉圖遊歷和講學過的城堡附近，所以一些考古學家認為，這塊墓碑很可能是柏拉圖和他的學生們為托比立的。

碑文的大意是：一次，托比從雅典去敘拉古遊學，經過卡塔尼山時，看見了一隻老虎。進城後，他對人們說，卡塔尼山上有一隻老虎。可是城裡沒有人相信他，因為在卡塔尼山從來就沒人見過老虎。托比堅持說見到了老虎，並且是一隻非常雄壯的虎。可是無論他怎麼說，就是沒人相信他。最後，托比說，那我帶你們去看看，如果見到了真正的老虎，你們就能相信我了。

隨後，柏拉圖的幾個學生和他一起上了山，但是轉遍山上的每一個角落，卻連老虎的一根汗毛都沒有發現。托比對天發誓，說他確實在這棵樹下見到了一隻老虎。於是他們就說，你的眼睛肯定被魔鬼蒙住了，你就不要再說見到老虎了，不然城堡裡的人會說，敘拉古來了一個撒謊的人。

托比很生氣，他回答道：「我怎麼可能是一個撒謊的人呢？我是真的見到了一隻老虎。」在接下來的日子裡，托比為了證明自己的誠實，逢人便說他沒有撒謊，他確實見到了老虎。可是說到最後，人們不僅見了他就躲，還在背後叫他瘋子。

托比來敘拉古遊學，目的是想成為一個有學問的人，可現在他卻被認為是一個瘋子和撒謊者，這實在讓他不能忍受。為了證明自己確實見到了老虎，托比在到達敘拉古的第十天，買了獵槍來到卡塔尼山。他發誓要找到那隻老虎，並把那隻老虎打死，然後帶回敘拉古，他要讓全城的人看看，他並沒有說謊，他不是瘋子。

可是這一去，托比卻再也沒有回來。幾天後，人們在山中發現一堆破碎的衣服和托比的一隻腳。經城堡法官驗證，他是被一隻重量至少五百磅的老虎吃掉的。原來，托比在這座山上確實見過一隻老虎，他真的沒有撒謊，他也不是瘋子。可是，這種結局卻是值得人們深思的……

這段碑文究竟是不是柏拉圖寫的，考古學界也沒有確切的答案。其實，這段碑文是不是柏拉圖寫的並不重要，重要的是這段碑文給世人一個啟示：世界上有許多不幸，都是人們在急於向別人證明自己正確的過程中發生的。

那種急於證明的人，其實是在尋找一隻能把自己吃掉的老虎。與其找一隻吃掉自己的老虎，何不放下這些無謂的爭論呢？

在事實和真理面前，真正的智者都是走自己的路，任別人去評說。凡事都要爭個是非的做法並不可取，有時還會帶來麻煩或危害。當你被別人誤會或受到指責時，如果你偏要反覆解釋或還擊，結果就有可能愈描愈黑，將事情愈鬧愈大。這時，最好的解決方法就是，不妨把心胸放寬一些，不去理會，做自己該做的事。只有這樣，你人生的旅途才會充滿樂趣。

不爭不吵，實現雙贏

全世界的人對愛因斯坦都很尊敬，他是全球數學、物理方面無可爭議的專家，可這位創造相對論的人，竟然也咽下過一口氣。一次，他上車後，因為正思考著一個問題，買票時就數錯了錢，售票員大聲諷刺他：「你這麼大個人，會不會算數呀？」愛因斯坦一笑置之，不會就不會吧。

社交中，經常會由於偏見和誤解而使一方傷害另一方。假設一方耿耿於懷，那關係就無法融洽。但是若受傷害的一方有很大的度量，不念舊惡，就會使持偏見者的感情受到震動。

有位叫歐·哈里的愛爾蘭人，雖然他受的教育不多，可是很愛抬槓。他當過汽車推銷員，後來因為推銷不順利而求助於卡內基。聽了幾個簡單的問題後，卡內基發現他總是跟顧客爭辯。如果對方挑剔他的車子，他會立刻漲紅臉大聲強辯。歐·哈里也承認，雖然他在口頭上贏得了不少辯論，最終卻沒能贏得顧客。

所以，卡內基就訓練歐·哈里提高自制能力，淡化他爭強好勝、凡事都爭個明白的心態。

後來，歐．哈里成了紐約懷德汽車公司的明星推銷員。他是怎麼成就大事的呢？用他自己的話說就是：「如果我現在走進顧客的辦公室，而對方說：『什麼？懷德卡車？不好。你就是送給我我都不要，我要的是何賽的卡車。』我會說：『老兄，何賽的車的確不錯，買他們的卡車絕對錯不了，何賽的車是優良產品。』這樣說他就無話可說了，沒有了抬槓的餘地。如果他說何賽的車子最好，我說沒錯，他只有住嘴了，他總不能在我同意他的看法後，還說一下午的何賽車子最好。

「那麼，接著我們不再談何賽，我開始介紹懷德車的優點。如果是以前我聽到他說那樣的話，早就氣得臉一陣紅、一陣白了，我就會挑何賽車的毛病，而我愈挑剔別的車子的毛病，對方就愈說它好，爭辯愈是激烈，對方也就愈喜歡我競爭對手的產品；不爭，就能實現雙贏，這就是我成功的祕訣。」

為人處世，有些人總要事事爭個明白，大有不爭明白不甘休之勢。這種做法導致的結果往往是做人沒人緣，辦事辦不成。其實，發生小矛盾時先咽一口氣，不過分與人爭執，這樣不但容易獲得別人的好感，而且一些難辦的事往往因此變得容易。

智慧品人生

一個人的度量問題不是無關緊要的小問題。在緊要關頭，度量大小直接關係到事業的成敗。為一點小事斤斤計較，爭吵不休，既傷害感情，影響友誼，也無益於你成大事，結果常是兩敗。

因此，放下你的成見，不在社交場合為區區小利爭鬥，不為炫耀自己而去貶低他人，發揚一點忍讓精神，對許多事情進行「冷處理」，擺脫互相之間無原則的糾纏和沒必要的爭執，不計較一切無關大局的小事。有些事，只要你明白自己是對的就可以了，沒必要向別人去證明。凡事爭個明白，到頭來受傷的是自己。如果做到了大度，你將會獲得社交場中眾人的青睞，你的事業也會如虎添翼，收到雙贏的效果。

第二章 調節心理，放下包袱——愈放下愈輕鬆

放下心中的沉重負擔，用寬容的心看待世界，生活才會更加輕鬆美好！

搬開別人放的石頭很容易，搬開那些自己製造的石頭難。懂得放下，何等自在！寬恕別人也就是寬恕了自己。放下心中的怒，放下心中的恨，放下心中的不平衡，你的每一天都將更美好！

1·凡事尋常看，排壓「心」舒暢

> 二十五圈，倒著數，跑一圈就少一圈，離目標愈來愈近，有一種成就感。
> 二十五圈，順著數，跑一圈就多一圈，離目標愈來愈近，還是有一種成就感。
> ——《愈放下愈快樂》

累與不累，取決於你的心態

當你在孩子與工作之間團團轉時，心中總有個夢想：等有那麼一天，銀行裡有一千萬存款，一疊華碩股票，一棟依山傍水的透天別墅，一部豪華轎車，然後辭掉工作，不必再受老闆的氣，不必匆忙趕打卡，從此遊山玩水，逍遙自在。

但是，當一切都實現時，眼前沉重的壓力就會消逝無蹤，過著無憂無慮的日子嗎？也許到時候你又會為這樣的壓力而煩惱：擔心孩子被綁架、台幣貶值、股票下跌、房地產不景氣，等等。

壓力在人們的生活中永遠都不會消失。快節奏的社會，來自各方面的壓力在不斷增大，漫無邊際地忙碌，心身像散了架一樣的疲憊，看不到太陽每天都是新的，也感覺不到燦爛的夕陽晚霞，有的只是沉重的腳步，痛苦的長歎，似乎整個世界沒有片瓦可以避雨。

始終搞不懂是我們改變了世界還是世界改變了我們，生活沒有了鮮活的色彩，少了許多天真的樂趣，一切就像鐘錶一樣在枯燥和無奈中運轉。生活就像設定好的程式，機械、麻木而又無奈，為了生存將身心和健康透支。

這時，你需要轉換一個角度，改變一下思維模式，到青山綠水間呼吸一下甘甜清新的空氣，登山到頂與藍天白雲傾訴一下心中的細語，採一片生機盎然的綠葉，來裝點自己枯萎的心靈，為荒蕪的內心世界增添一絲清新的氣息。

在生活和工作中有壓力也許並不是一件壞事，只要用積極的心態來面對，便不會感到那麼累。而恐懼、逃避和悲觀的情緒，只會暫時地將困難和壓力無限地放大，成為你心中一個無形的、無法逾越的大山，進而毀掉你的信心和勇氣。

擁有和保持積極樂觀的心態，給自己一個天真爛漫的理由，讓壓力成為枯燥生活中的一劑調味品，讓壓力成為寂寥生活中的一次調侃，讓壓力成為你成功路上一段優美的插曲，讓壓力成為你對生活感恩的載體，為你的人生道路增添一筆財富。推掉所有的應酬，走出心靈虛無的狹隘和扭曲，融進多彩的世界，營造一個無我的境界。

樹木，放下了枯黃的落葉，才長出一個美麗的春天。天空，放下灰色的雲翳，才有一個燦爛的晴空。只有該放下時放下，你才能夠騰出手來，抓住真正屬於你的快樂和幸福。凡事尋常看，及時地排「壓」，你就有一個快樂的人生。

抓住快樂的理由，給自己減壓

李剛是一位大學老師，有點不安於現狀，就請假到外面去轉了轉。因為他去的地方比較遠，臨時因一件意外的事情，結果回來晚了。系裡的主任本來就對不安分的李剛有看法，此時終於抓到把柄，給了他一個比較嚴厲的處分。

對於李剛來說，真可謂是「屋漏偏逢連夜雨，船破又遇頂頭風」。處分沒下來多久，女朋友又離他而去。生活的壓力突然把他逼到險峻的懸崖邊。

但是苦難並沒有把他壓倒，他告訴自己：我的一生不能就這樣過下去，這些苦難對我來說也許是個機會，教師的工作並不是我心中理想的職業，我要做自己喜歡的事。後來，他辭職了，辭職後反而感覺比以前更輕鬆，更快樂了。很快他就開始做起了生意，十年後，他已身家過億，成了真正的財富英雄。

其實，所有的坎坷都是路，所有的痛苦都是另一種幸福。生活也是需要勇氣的，每個人都有被生活逼到懸崖邊的時刻，也許你勇敢地縱身一跳，就能跳成一掛雄奇壯觀的瀑布。

心靈的房間，如果長時間不打掃的話就會落滿灰塵。被灰塵蒙蔽的心，也會變得灰色而迷茫。每個人每天都要經歷很多事情，開心的，不開心的，都會在心裡安家落戶。

當心裡的事情愈來愈多時，就會變得雜亂無序，然後心也跟著亂起來。痛苦的情緒和不愉快的記憶，如果充斥在心裡，就會使人萎靡不振。因此，把心裡的灰塵及時地掃完，才能夠使黯然的心變得明亮；把事情理清楚，才能告別煩亂；把一些無謂的痛苦扔掉，心情才能舒暢，快樂自然也就有了更多更大的空間。

人的一生，不僅快樂需要理由，不快樂也需要理由。人之所以覺得難受，是因為人們總是緊緊抓住不快樂的理由，無視快樂的理由。如同一切事物總有正反兩面，每個人都有自己快樂的理由，也有自己不快樂的理由。最關鍵的是，你是否主動去尋找快樂的理由。

有的人工作很輕鬆、自由，壓力也小，但薪水有點低。如果他想得到快樂，眼睛就不能一直盯著薪水低不放，而應該多想想——自己多自在啊。反過來，有的人薪水很高，可是壓力很大，不自由。如果他想得到快樂，眼睛就不能一直盯著工作壓力大不放，而應該多想想——自己的薪水待遇是大多數人所沒有的。生活是公平的，是不可能把什麼都給你的。緊緊抓住不快樂的理由，你的心情怎麼會舒暢？

如果你覺得壓力過於沉重，實在承受不了時，就要及時給自己排壓。先做幾個深呼吸，讓自己稍微平靜一下。不管你目前情況如何，都讓自己笑一笑，不管假笑還是苦笑，讓自己看看微笑中的自己。活動一下，因為身心是一體的，讓身體在運動中得到放鬆，心情也會隨之產生相同的效果。如果你能讓自己養成運動的習慣，那麼你的抗壓指數就會大幅地提升。

有壓力，常常是因為同時面對很多事情，而自己又深陷其中。此時，你可以一次只想一件事，一次只處理一件事。有時事情無法處理，常常是因為自己慌了神，不如靜一靜，想一想究竟發生了什麼事，有哪些解決問題的方法，這樣一來，你的心就會靜下來，慢慢地你就會發現其實並沒有什麼大不了的事，任何事情都有解決的辦法，所有的壓力都是自己強加給自己的。

其實，有壓力並不可怕，重要的是如何正確對待它。雖然壓力無法減少，但你可以採取相應的措施緩解壓力對自己造成的負面影響。只要你能正確處理各種壓力，你的生活就會輕鬆許多，工作也會更開心。

智慧品人生

每個人，都是哭著來到這個世界的，人們面臨的首要問題就是生存。要生存，必然會有競爭；有競爭，必然有壓力。所以，只要你選擇活著，就註定要承受生存所帶來的各種各樣的壓力，如升學、就業、升職等，不勝枚舉，不一而足。

只有勇於正視壓力，學會承受壓力，善於排除壓力，做到凡事都平常看待，你才能在日趨激烈乃至殘酷的生存競爭中，永遠立於不敗之地。

2．貪婪，讓你失去快樂

沒有人願意做貪婪的奴隸，但很多人都在不知不覺中深陷泥沼。因此我們要學會放下，做自己的主人。

遠離貪婪，知足者常樂

在生命的旅程中，人們之所以感覺不到幸福，是因為他們想要得到的東西太多，有許多東西都放不下，貪婪就是其中之一。人們不遺餘力地背負著，隨著時光的流逝愈加沉重，我們的脊背因此而彎曲，就連呼吸也變得困難。

因為背負得太久，以至於讓它深深融入自己的血液裡，成為與自己同呼吸、同命運、賴以生存的精神支柱了。

有這樣一則故事：

戰爭結束後，一位農夫和一位商人在街上尋找財物。這時，他們發現了一大堆沒燒焦的羊毛，於是，兩個人就各自分了一半，捆在自己的背上。

回家的途中，他們又發現了一些布匹，農夫將身上沉重的羊毛扔掉，選了些自己扛得動的較好的布匹；而貪婪的商人將農夫所丟下的羊毛和剩餘的布匹統統撿起來，重負讓他氣喘吁吁、行動緩慢。

走了不遠，他們又發現了一些銀質的餐具，於是，農夫將布匹扔掉，撿了些較好的銀器背上，而商人卻因沉重的羊毛和布匹壓得他無法彎腰而作罷。

這時，突然下起了大雨，飢寒交迫的商人身上的羊毛和布匹被雨水淋濕了，他踉蹌著摔倒在泥濘當中；而農夫卻一身輕鬆地回到了家。他變賣了銀餐具，生活富足起來。

貪婪是一種頑疾，人們很容易就成了它的奴隸，變得愈來愈貪婪。人的欲念是無止境的，當得到了不少時，仍指望得到更多。一個貪求厚利、永不知足的人，其實是在愚弄自己。貪婪是一切罪惡之源，它能讓人忘卻一切，甚至是自己的人格。貪婪能讓人喪失理智，做出愚昧不堪的行為。

大千世界，有著太多的誘惑，如果你什麼都想要，肯定會被累死，遠離貪婪，學會適時放下，你會輕鬆快樂一生。

適可而止莫貪圖

有這樣一個小孩，人們都說他太傻，因為如果有人同時給他五元和十元的硬幣，他總是選擇五元的，不要十元的。有個人不相信，就拿出兩個硬幣，一個十元，一個五元，叫那個小孩任選其中一個，結果那個小孩真的挑了五元的硬幣。那個人覺得很奇怪，就問那個孩子：「難道你不會分辨硬幣的幣值嗎？」

這時孩子低聲說：「如果我選擇了十元，下次你就不會跟我玩這種遊戲了！」

這個孩子的聰明之處其實就在這裡。的確如此，如果他選擇了十元，就沒有人願意繼續跟他玩下去了，而他得到的，也只有十元！但他拿五元，把自己裝成傻子，於是傻子當得愈久，他就拿的愈多，最終他得到的，將是十元的若干倍！

所以，在現實生活中，我們完全可以向這個「傻小孩」看齊——不要十元，而取五元！

但是如今多數的人，都有著一種不拿白不拿，不吃白不吃的貪婪！殊不知你的貪不僅損害了他人的利益，還會使他人對你的貪婪反感。也許他人可以容忍你的行為，不在乎你的貪，但如果你懂得適可而止，大家會對你有更好的印象與評價，願意延續和你的關係。

可歎的是，現代社會到處都充斥著這些現象：人際關係一次用完，做生意一次賺足！以為自己這樣做是聰明，殊不知這都是在斷自己的路！放下這種聰明，如果你能一直擁有那個小孩一樣的「傻」，這會讓你得到更多的回報。十個五元多，還是一個十元多？這需要每個人在自己的心裡衡量一下！

有一隻猴子，特別喜歡偷吃農民的糧食。於是當地的農民發明了一種捕捉猴子的巧妙方法：他們把一只葫蘆形的細頸瓶子固定好，繫在大樹上，再在瓶子中放入猴子最愛吃的花生，然後就靜候佳音。

天黑了，猴子來到樹下，見到瓶中的花生十分高興，就把手伸進瓶子去抓花生。這瓶子的妙處就在於猴子的手剛剛好能夠伸進去，等牠抓一把花生時，手卻怎麼也拉不出來了。

貪婪的猴子絕不可能放下已到手的花生，就這樣，牠的手也就一直抽不出來，牠就死死地守在瓶子旁邊。一直到第二天早晨，農民把牠抓住的時候，牠依然不肯放開手，直到把那些花生放進嘴裡才肯甘休。

也許很多人都會認為，那種事只有愚蠢的猴子才會做，聰明的人類怎麼會上當，如此貪婪，甚至連命都不要呢？是的，聰明的人是不會為一把花生冒險的，但是，如果把花生換成巨額金錢呢？相信，如同猴子一樣上當吃虧、貪婪的人還是很多的。

人活著就會有欲望，有欲望才會有進步。但是欲望過於強烈，就是貪婪。哲學的觀點認為：凡事都有正反兩個方面，這兩個方面在一定的條件下是可以相互轉化的，貪婪也不例外。有時它是阻礙事物前進與發展的絆腳石，有時它卻成為人類進步、社會前行的原動力。但是如果貪得無厭，貪婪到極限，勢必將走向滅亡。

智慧品人生

永無止境的欲望不停地誘惑著人們追求物欲的最高享受，然而過度地追逐利益往往會使人迷失生活的方向。因此，凡事適可而止，才能把握好自己的人生方向。什麼樣的人生才是快樂的呢？放下沉重的包袱，不為貪婪所誘惑，擇精而擔，量力而行。這樣的人生，自然是輕鬆而快樂的。

3．放下憂慮，迎來快樂

憂慮是人類的天敵，它剝奪人的快樂，使人遭受失敗，或陷入自卑的境地。憂慮還使人缺乏生命的活力，破壞人的志向，瓦解人的勇氣，使人缺乏創造力。從古到今，憂慮毀壞了無數人的事業。

——《是與非得與失》

別讓失敗的憂慮動搖你的自信

隨著生活節奏的加快，競爭的日益激烈，使人更加容易緊張和煩躁，以至於有些人感嘆身心疲憊，人生絕望。其實，這種後果都是因為人們的患得患失心理造成的，生活中有太多的人在沒有得到的時候，擔心得不到，得到之後又害怕會失去，他們的心就像鐘擺一樣在得失之間搖來擺去，非常痛苦。

英國哲學家邱斯頓曾說過：「天使之所以能夠飛翔，是因為他們有著輕盈的人生態度。」很多人的患得患失都是因為功利心太重，心胸過於狹隘，過分害怕失敗，於是就憂心忡忡，心頭像壓著一塊沉重的鉛塊，使自己經常感到窒息，感到束手無策。

這些人因為擔心失敗，所以他們總是把現實中的困難估計得過高，什麼事做起來都感到十分吃力，覺得沒有成功的把握，以至於前怕狼後怕虎，畏首畏尾，一旦感到生命無助時，他們便心灰意冷，甚至於自暴自棄。

其實，在得與失之間，如果你看得淡泊一些，那麼你就沒有那麼多的煩惱，何必要用得失做一個囚籠將自己的心囚禁於其中呢！

中國著名的乒乓球運動員韓玉珍，有一次代表國家隊參加世界錦標賽。臨比賽的前一天晚上，她緊張得要命，對勝利的渴望和對失敗的憂慮使她無法入眠，沉重的心理壓力使她再也承受不住了，於是劃破了自己的手腕，卻謊稱有人行刺她。後來，真相被查出，這件事成了體育界的一大醜聞，嚴重地影響了中國乒乓球隊的形象，為此中國國家隊將她的參賽資格取消了。

但是，在過後的國內比賽中，她如同以前一樣又屢戰屢勝，國家隊又重新把她召回。在接下來的國際重大比賽中，她的對手是從未贏過她的日本隊的運動員，剛開始韓玉珍連贏兩局，第三局對手趕上了幾分之後，韓玉珍的信心開始動搖了，結果連輸三局。其實，她並不是輸在技術和能力上，而是輸在患得患失的心理上，輸在憂慮、不自信上。

失敗雖然是一件可怕的事情，沒有人喜歡失敗，但是世上沒有永遠的成功者，唯有從失敗中爬起來，才有戰勝失敗，獲得成功的可能。真正的智者是從來都不懼怕失敗的，而是善於在煩惱中找尋智慧，從憂患中激發出生存的力量，他們不會讓擔心失敗的憂慮之心動搖自己的信心。

生活中，當你一旦經歷了失敗時，也應當迅速從憤怒和沮喪中清醒過來，把這次失敗視為一次學習經驗的機會，通過失敗重新估計自己，放下你的憂慮，重新來過。

放下憂慮，快樂生活

在現實生活中，如果我們環顧四周，細心觀察一下，就會發現不少人的內心深處似乎都隱藏著莫名的焦灼和擔憂。這種「憂慮感」令人們身心疲憊，使笑臉後面的神經繃得緊緊的。

雖然喜、怒、憂、思、悲、恐、驚是人之七情，雖然憂慮並不總是以它灰暗的一面出現在生活的表面，但它更像陰冷的斜雨，給本該明淨的生活畫上了無數似有若無的暗影。

有一位了不起的女性告誡說：「不要讓憂慮占據我們的生活！」這位女士十七歲時嫁給了一位三十八歲的律師，後來，她因丈夫病逝足足守了十三年寡，而她含辛茹苦的回報是——六個孩子中有三個在中年時離她而去。

除此之外，她還經受了慘烈的戰地轟炸、逃亡的危險和疾病的折磨。可以說，她經歷了一個婦女所能經歷的全部人生苦難，但是她始終沒有被擊垮，快樂的天性依然。

她非常喜歡玩遊戲，有時會發明一些娛樂節目，她還有編故事的才能，她所編的故事新奇而有趣，也常講給周圍的人聽，引得他們開懷大笑。她將她的這些天賦都遺傳給了她的大兒子——約翰．沃爾夫貢．馮．歌德，這個名字如今早已是人類文明的一座燈塔。

當你閱讀她的文字，解析她的生活哲學時，也許你就會明白她的快樂所在：「我之所以快樂，是因為我心中的信念之燈沒有熄滅。我不斷求索生命中的喜樂平安：如果門太矮，我會彎下腰；如果石頭擋道，我會動手挪開它或者換一條路走……我從每天的生活瑣事中都可以找到快樂。」

憂慮是每個人都會有的，無憂無慮的人是不存在的，但是有些人依然可以生活得很快樂，有些人卻被憂慮壓得喘不過氣來，也許這些辦法可以讓你暫時放下憂慮，輕裝前進。

1.付諸行動：一個人如果總是想著目標和計畫就會帶來焦慮和壓力。計畫是必要的，但是如果計畫導致了焦慮，消除焦慮的唯一方法就是開始行動。當你付出向目標更近一步的行動時，就會減輕你的憂慮。

2.當機立斷：一些無法立刻作出決定的事情會帶來憂慮。作出決定往往能讓壓力一下子釋放出來。現在就作出決定，或者至少開始搜集一些能讓你作出決定的資訊。就算作了錯誤的決定，改正重來就好了。

3.整理思路：如果你大腦裡裝的事情太多，把它們寫下來可能會讓你放鬆一些。當你被太多的事情困擾，有時只是為這些事情安排一個時間，甚至只是把它們記下來，至少能讓你現在不惦記它們了。把自己的思路整理一下，告訴自己到能做這些事情之前，沒必要發愁了。

4.快刀斬亂麻：面對困難最好的辦法就是直面困難，當場解決。很多問題是躲不開的，拖著不辦只能增加煩惱。被問題困擾所帶來的痛苦和憂慮往往大於問題本身。所以，面對問題解決它，煩惱也就隨之而去。

5.用冥想來消除憂慮：也許這就是現在瑜伽愈來愈流行的原因，如果沒有時間或者沒有冥想的經驗，有一個簡單的辦法：閉上眼睛，放鬆體內繃緊的神經，然後做幾次深呼吸。

倘若將生命以一天為單位計算，而一天又是如此快捷地逝去，你又有什麼理由懷抱昨天留下的怨憤和對明天的憂慮，把短暫而又奇妙的今天虛度？你只應求得今天需要的精神和肉體的食糧，為今天所擁有的一切——麵包、健康、工作、親情而心存感激。放下憂慮，快樂生活！

智慧品人生

如果一個人懂得感恩和付出，那麼憂慮就會遠離他。有關調查顯示，在每週有一天或一天以上的時間參加義工服務的人群裡，產生不良情緒的比例最小；一些癌症俱樂部成員的快樂指數要遠遠超過許多年富力強、衣食無憂的健康人。

其實，十九世紀的美國總統林肯早就說過：「大多數人能活得快樂在於他的選擇。」——在簡單生活中找到快樂，在幫助他人中得到快樂，在忘卻仇恨中品嘗快樂。能作出這樣選擇的人，都是可以克服憂慮而走向快樂的人。

4．放下嫉妒，使自己的幸福完美

在嫉妒心重的人看來，沒有比他人的不幸，更能令他快樂，亦沒有比他人的幸福，更能令他不安。

——斯賓諾莎

嫉妒，最無能的競爭

嫉妒是當人們缺乏自信、深感失落時的心理感受，產生於自己在和他人進行不恰當比較時。它是由於恐懼或擔心他人優於自己，所以憎恨或遷怒他人，是力圖在某些方面超越他人的企求得不到滿足時產生的一種心理狀態。

嫉妒是一種最無能的競爭。嫉妒心強的人總是對超過他的人不服氣、怨恨，一旦看到別人在自己的攻擊中受到傷害，就會有一種變態的欣慰與快感，甚至採用不正當的手段來中傷、詆毀被嫉妒者。

《酉陽雜俎．諾皋記上》記載有一個著名的「妒婦津」的故事：相傳劉伯玉的妻子段氏有很強的嫉妒心。劉伯玉曾稱讚曹植在《洛神賦》中所寫洛神的美麗，段氏聽到後，氣憤地說：「君何得以水神美而欲輕我？我死，何愁不為水神？」後果真投水自殺。於是後人將她投水的地方稱為「妒婦津」，相傳凡女子渡此津時均不敢盛妝，否則就會風波大作。

這個故事說明了人類社會普遍存在著的嫉妒心理。雖然嫉妒心人人都有，可有的人把嫉妒心變成對對方的讚美，而有的人則壓住對對方的讚美，甚至攻擊對方。

某知名大學經濟學系的一個女學生，被同宿舍的另一個同學推上了被告席。原告與被告以前關係不錯，堪稱該系的一對姊妹花；同時兩人的成績不相上下，因此彼此又在暗中較勁。

事件的起因是兩人都參加了托福和 GRE 考試。原告成績較理想，遂向美國一所著名大學提出留學申請，不久被告知每年可獲得近兩萬美元的獎學金。原告高興萬分，等著對方的正式錄取通知。

而被告考得不太好，看到原告整天興高采烈的模樣，讓她更加不快。她愈想愈有氣，就生出了一條毒計。原告左等右等，遲遲不見正式通知的光臨，就託在美國的同學去該校打聽，校方說曾經收到她發來的一份 E-mail 表示拒絕來該校，因此校方只好將名額轉給別人。

原告聽到此消息，如五雷轟頂，冥思苦想這到底是怎麼回事。後來，她經過多方的調查，才發現是被告盜用了她的名義，在經濟系的機房發了一封拒絕函。於是，原告懷著憤怒的心情，將被告訴諸法庭。

是什麼原因讓兩個原本友好的同學走向法庭，顯然是嫉妒！

嫉妒心強的人缺乏的不僅是自信，更多的是患得患失的心理。他們自己不思長進，卻不允許旁人出人頭地。由於自私心的作祟，他人的一切優勢——才華美貌、功業名望、財富地位……他們都感到是對自己的一種直接威脅，因而很容易把自己的失敗與低能，以及由此而產生的失落感、恐懼感，化為一種敵意投射到優勝者身上。

要想熄滅妒火，就要敢於承認事實、接受事實，對自己說：「他的卓越讓我看到了自己的缺欠，也看到了自己的努力方向。昏頭昏腦地嫉妒他人於事無補，明智、勤奮地揚長避短才能揮灑屬於自己的光彩。」

然後，努力地提高自己，不斷地完善自己。那些能夠找到自己生存樂趣和生存價值的人，是不會去嫉妒別人的，嫉妒是最無能的競爭，放下你的嫉妒，做最真實的自己。

放下嫉妒，做好自己

嫉妒心強的人總是忌恨別人比自己好。可是，別人真的比自己好嗎？或者他們比自己有錢，有權，有地位，可是這些就可以證明他們比自己好嗎？

幸福，並不是一定與權錢和物質相連的。幸福只是一種感覺，是自我對擁有的生活的滿意度、認可度。很多時候，富人未必感覺比窮人幸福。表面的風光，能代表的僅是他符合社會成功標準的能力，但代表不了他的幸福指數。所以，你沒必要嫉妒任何人。

沒有人的一生是一帆風順的，沒有人的成功是一蹴而就的，沒有人是完全沒有苦、沒有痛，完全幸福的。哪怕是小溪，也有起浪的時候。誰不會在人前裝得光鮮，裝得堅強，裝得幸福，裝得成功呢？誰不是把自己最好的一面展示給別人呢？如此聰明的現代人，誰還會去扮演祥林嫂的角色？既然如此，又有什麼值得你嫉妒的呢？

再說，就算是別人真比自己好，你嫉有何用？妒有何益？別人的終究是別人的，無論怎樣都成不了自己的。沒有人可以隨隨便便就成功，他的輝煌是用他的汗水澆灌出來的。就算他是蔭於祖輩，用平常的話來說也自有他的因果輪回。你所要做的就是努力做好自己，使自己一步步接近目標。

如果一個人的心中充滿了嫉妒，那麼這個社會上永遠不會缺少讓他嫉妒的對象。因為人外有人，天外有天，永遠有他達不到的高度和得不到的美好。

愛嫉妒別人的人，看不到自己擁有的珍貴，只看到別人的成就和風光；不思量如何進取拼搏，以求縮短差距，而是幻想祈禱著那個（些）人忽然倒楣，好讓他獲得心理平衡；或者使盡手段力圖打擊對方，十足的小人心理。

愛嫉妒別人的人，整天陷在別人成功的陰影裡，或者成天琢磨著心事，對身邊的美好視而不見，他眼裡的世界全是別人的光彩和自己的卑微、不甘，心之陰暗，可憐可歎更可悲！嫉妒唯一的結果就是打擊自己的自信，摧毀自己擁有的美好，百害而無一利，損人更不利己。

嫉妒就像一隻蒼蠅，經過身體的一切健康部分，而停在創傷的地方。嫉妒是一種恨，這種「恨」使人對他人的幸福感到痛苦，對他人的災殃感到快樂。有嫉妒心的人，自己不能完成偉大事業，便盡量去詆毀他人的偉大，通過貶抑他人的偉大使之與自己相齊。放下你的嫉妒吧，輕裝上陣，你會發現，愈放下愈輕鬆！

智慧品人生

倘若你產生了嫉妒的心理，也用不著太緊張，因為嫉妒是可以化解的，只要你把自己的生命放到歷史的高度來認識，不圖一時的痛快，不圖一時的宣洩，人生自有定論。

放下嫉妒的包袱，繼續趕路，你會發覺自己的步子輕鬆而愉悅。因為寬容，你會心安；因為大度，你會無愧，這樣的人生才會充滿魅力，這個世界也會因此而更加美麗。放下嫉妒，你想要什麼就努力地去爭取。唯有如此，才能成就自己的成功，完善自己的幸福。

第三章
幸福生活，自我選擇——愈放下愈灑脫

快樂與不快樂取決於你的心態。把該放下的放下，才能找到自己的快樂與幸福。

當我們被生活中各種煩惱所擾時，也許並不是煩惱真的太多，而是我們習慣於將負面的情緒與觀念統統背在身上，不知道還可以選擇放下。放下，就是將壓在我們身上的重擔放下，在輕鬆與愉悅中，邁向健康人生的幸福大道。

1．只有善於放棄，才能暢快地生活

人生需要選擇，放棄是一門選擇的藝術，是人生的必修課。沒有果敢的放棄，就沒有輝煌的選擇。與其苦苦掙扎，拼得頭破血流，不如瀟灑地揮手，勇敢地放棄。歌德說：「生命的全部奧祕就在於為了生存而放棄生存。」

生活中的放棄，在於人生的選擇

很久以前，一個老人挑著一根扁擔，扁擔一邊掛著一個盛滿豆湯的壺。途中老人不慎跌了一跤，壺掉在地上摔得粉碎，而老人爬起來後卻若無其事地繼續前行。

這時，一個人匆忙跑過來對他說：「你不知道你的壺摔碎了嗎？」

「當然知道。」老人回答。

「那你怎麼不轉身看看該怎麼辦呢？」

「壺已經碎了，豆湯也流光了，你說我能怎麼辦？」

壺摔碎，豆湯流光固然可惜，但毅然決定放棄無用的東西未必不是好事。其實，無論在生活中還是在其他環境中，人們首先要做的就是應該學會放棄。要常懷一顆平和之心，以豁達的態度面對人生，學會用辯證的思維看待生活，勇於爭取，善於放棄。

現代社會，處處充滿著誘惑，做學問的總想做出大而全的「體系」，做生意的唯恐遺漏任何一個賺錢的機會，就連吃喝宴請也要講究「十全大補」和「滿漢全席」……

但是成就事業，有時雖然需要「面面俱到」，有時卻需要大膽捨棄。善於捨棄，包含著審時度勢的智慧，當斷則斷的勇氣，反映了一個人的素質和能力。兩利相權取其重、兩害相權取其輕，揚長避短，發揮優勢等，講的都是這個道理。

為了全局利益捨棄一些局部利益，為了長遠利益捨棄一些眼前利益，從某種意義上講，是尊重客觀規律，是對事業負責。在很多時候，適時的捨棄勝於盲目的執著，這能讓人騰出時間和精力去做更有價值的事情。形象地說，這不過是把拳頭收回來，準備再一次出擊而已！

在人生的征途中，經常會出現一些迂迴曲折的坎坷或是峰迴路轉的機遇，對這些挑戰和機遇每一個也需要做出抉擇，是捨棄還是角逐也是每個人都會面對的難題。該出手時就出手，該捨棄時就捨棄，這就是生活，這就是人生。

「魚，我所欲也；熊掌，亦我所欲也，二者不可兼得，捨魚而取熊掌者也。」魚和熊掌都要，當然是最理想的，但在現實社會中這種可能性是很小的。在通常情況下，人們往往需要在魚和熊掌中選擇一個，而這也是對生活的選擇。

生活中應該學會放下

人的一生或多或少總會遇到一些不開心的事情。在上班時遇到一位有意刁難的客戶，因某件事情受到主管的批評，和朋友發生不愉快，小肚雞腸的人與你為敵……這些都可能直接影響到自己的心情。

心情不好，勢必影響工作，因此，我們應該學會「放下」，把那些不愉快、不順心的事統統「放下」，特別是對那些小肚雞腸的人，不予理睬可以說是最大的輕蔑，無視他的存在，自己該怎樣就怎樣，開心就好。而且這樣的人畢竟是少數，大多數朋友都是善意和友好的。看到這一點，就會使自己放鬆心情。心情好了，不僅有利於工作，還有利於自己的身心健康，兩全其美，何樂而不為？

在很多情況下，人們要想得到一些東西，就必然要捨棄另外一些東西。「名與身孰親？身與貨孰多？得與亡孰病？是故甚愛必大費，多藏必厚亡。」「少則多，多則惑。」「夫唯不爭，故天下莫能與之爭。」當必須放棄時，就該果斷放棄，這才是真正的智者。唯有放下，才能走得更遠；唯有放下，才能得到更多。如果不懂得放下，往往會在無意中失去最珍貴的東西。

智者曰：「兩弊相衡取其輕，兩利相權取其重。」放下難言的負荷，方能解開心靈的枷鎖；放下滿腹的牢騷，方能蘊蓄不倦的威力；放下纖巧的詭辯，方能擁有深邃的思想；放下虛偽的矯飾，方能贏得真摯的友情。做生活中的智者，就要先從學會放下、善於放下開始。

放下心裡的多想，甚至放下執著的追求，在短時間內也許是痛苦的，而且放下後的重新選擇也未必就一帆風順，還可能有困難與挫折。但這就是生活，只有學會放下，你才能收穫更多，才能體會得更多，才能在出入無門時發現新的契機和希望。

智慧品人生

人生在世，沒有一個人願意捨棄屬於自己的東西。有既得的，有想要的；有精神的，有物質的；有名利的，有情分的。「難捨」、「捨不得」等辭彙，體現了人們面對捨棄時的痛苦和無奈。

但是，經驗告訴我們，一些東西如果不捨棄，勢必會成為負累。正如印度詩人泰戈爾所說：「當鳥翼繫上了黃金，鳥兒就飛不遠了。」勇於放棄是現實需要，善於放棄則是處世藝術。

2·月有圓缺，人有得失

「月有陰晴圓缺，人有悲歡離合」。月亮圓缺轉換，明暗輪回，是自然規律，不可更移，人生又何嘗不是如此。生命的旅途充滿崎嶇和坎坷，如果患得患失，就只會被悲觀、絕望窒息心智，使人生之旅如負重登山，舉步維艱。我們應該明白有所失才能有所得，有小失才能有大得，有局部之失，才能有整體之得。

人生得失透析生活

俗話說：「有得必有失。」人生在世，若失之東隅，必然收之桑榆。失去春天的蔥綠，卻能夠得到豐碩的金秋；失去青春歲月，卻能使我們走進成熟的人生……失去，是一種痛苦，但也是一種幸福，因為失去的同時也在獲得。

得到與失去是矛盾的雙方，也是一件事物完全對立的兩面，是完全對立統一的辯證關係。有人曾說：「捨得，捨得，有捨才有得。」古人也講：「魚和熊掌不可兼得。」所以得到與失去、追求與放棄，是現實生活中再平常不過的事情了，我們應該以平常、豁達的心態去看待。

在一個人的生命歷程中，得與失在心中其實只有一線之隔，如果所得的已經夠多，即使是再得到，也不會覺得欣喜，稍有所失，卻會惶恐不安；但如果所失已經太多，就是再失去，也不會感到痛惜，稍有所獲，便會十分快樂。如此說來，得並不意味著一定就是得意，失也不一定就是失意。顏回居陋巷，一簞食，一瓢飲，也能樂在其中；秦王統一六國，兼併天下，也能失意於其間。

生活中有許多十字路口，雖然這些路口使生活不是那麼完美無缺，處處充滿著苦與樂，卻使人生顯得絢麗多姿和變幻莫測。這就需要我們把握和控制自己，對已經失去的，不必斤斤計較，過分追悔，逝者不復來，眼淚和歎息不會感動上蒼，也不會使人生增值，唯一可做的是接受現實，勇敢、樂觀地迎接新的生活。

人一生中的選擇機會有很多，但能夠改變人生機遇的卻是寥若晨星。在機遇面前，一定要保持清醒的頭腦，開闊胸襟，審時度勢，弄清什麼才是對自己最重要的，然後主動放棄那些可有可無、不觸及生命意義的東西，求得生命中最有價值、最必需、最純粹的東西。

為了熊掌，我們可以放棄魚；為了贏得更廣闊的生存和發展空間，我們可以放棄穩定、舒適的環境；為了莊嚴的真理、崇高的理想，我們可以放棄金錢、名利乃至生命。只有卸掉身上的累贅，正確面對生活中的得與失，才能獲得人生的主動、快樂和崇高！

失去與得到在生活中是相輔相成的兩個方面，它們無時無刻不真實、客觀地存在著。人生在世，你不能總是看到其中一方面，而忽視另一方面。得與失，必有平衡點，這都需要你去細細感受和體會。

淡看人生得失

有一個高雄的商人在出貨的時候，發現急需縫製箱包的專用繩線不夠用了，於是打電話給一個在台北專賣繩線的合作廠商，要求他立刻就把線寄出，好趕在第二天晚上之前，把貨物包縫製好，隨船出口。

合作廠商不敢怠慢，趕緊把線寄出，然而線要隔天下午才會送到商人手上，廠商趕緊打電話把這個消息告訴了商人，商人急了，因為這樣他根本來不及把貨物包縫製好，便要廠商想盡一切辦法也要在早上將線送到，如果這批貨走不了，商人將血本無歸。

這讓廠商很為難，因為對方要的線總價值才幾百元，他要是坐高鐵去送，肯定是自己吃虧。然而思量再三，廠商最終還是選擇了坐高鐵親自把線送過去，等他第二天上午十點出現在高雄時，商人早已在車站等，而且熱淚盈眶。廠商沒料到，從高雄回來後，竟有許多客戶找上門來要和他做生意，而這些客戶大多是高雄那個商人介紹來的。

一位哲人說過：「人生最遠的距離是『得』和『失』，有失去才有得到，道理誰都懂得，可是要去做，卻並不容易。」不容易在哪裡？如果那個廠商為了自己的小利而放棄這生意，他能有以後的諸多客源嗎？答案當然是不能。

在人的一生中，捨棄有時候是痛苦的，但有時候卻是美好的。只有那些明白了失去之道和獲得之法，並將之運用於生活、人生的人，才能從無盡的煩惱中解脫出來，在人生的道路上進退自如，豁達大度。

生活在塵世中的人們，大都有「終朝只恨聚無多」的心理，無論做什麼都只想得到，捨棄談何容易？縱觀社會，橫看人生，有撐死的，也有餓死的；有窮死的，也有富死的；有能幹死的，也有窩囊死的；有因禍得福的，也有因福得禍的。如此等等，不一而足。何時該獲得，何時該捨棄，真是很困難，天下沒有放之四海皆準的真理，只有根據此時、此地、此情、此景去綜合地考慮。

但是人們考慮獲得和捨棄的時候大都有一個錯誤觀念，那就是不能用辯證的哲學觀點來權衡獲得和捨棄的利弊得失。

得與失一直是辯證的關係，在眾多的擁有中，每一個人只能是一部分擁有。在生活中，你得到了事業，很可能就失去娛樂；你堅持了原則，就會失去朋友；你捨不得公務員生活的安逸，就得不到商海衝鋒的收穫。

凡事有得就有失，想要獲得，就要認清哪些是得，哪些是失，就必須忍受一部分得不到的東西。因為十全十美只是幻想，在生活中是不存在的。要想得到和不失去並立，你只會失去更多。反而是捨棄有時會有峰迴路轉的效果，「捨棄」中會有「獲得」的轉機，因為你為獲得付出了成本，生活的哲學是最講信譽的，總有一天會回報你。

智慧品人生

在漫長的人生中，人們每時每刻都要面臨選擇，這些選擇可能會使我們的生活充滿無盡的煩惱和難題，使我們不斷地失去一些我們不想失去的東西，但同樣是這些選擇又讓我們在不斷地獲得。

我們失去的，也許永遠無法補償，但是我們得到的卻是別人無法體會到的、獨特的人生，這就好比月的圓缺。因此面對得與失，要坦然待之，凡事重要的是過程，對其結果過於斤斤計較，或是耿耿於懷，只會讓你陷入無盡的苦惱中。

3．退一步海闊天空

俗話說：「冤家宜解不宜結」、「得饒人處且饒人」。有了爭論、摩擦，稍微爭辯幾句是可以的，你雖然有委屈，但對方已經知道理虧了，也就多包容一點，退讓一步，不要使爭論、摩擦升級，不以爭訟為能事，將大事化小，小事化了。

退一步，生活的天空更廣闊

古希臘一直流傳著一個關於大英雄海格力斯的故事。

一天，海格力斯走在坎坷不平的山路上，忽然發現腳邊有個袋子似的東西很礙腳，他就走過去踩了那東西一腳，誰知那東西不但沒被踩破，反而膨脹了起來，加倍地擴大著，海格力斯惱羞成怒，拿起一根碗口粗的木棒砸它，那東西竟然長大到把路給堵死了。

正在這時，山中走出一位聖人，對海格力斯說：「朋友，快別動它，忘了它，離開它遠去吧！它叫仇恨袋，你不犯它，它便小如當初，你侵犯它，它就會膨脹起來，擋住你的路，與你敵對到底。」

人們無論在什麼環境下，都有可能會犯和海格力斯一樣的錯誤，遇到矛盾時，不願意吃虧，步步緊逼，據理力爭，死要面子，認為忍讓就是沒了面子失了尊嚴，最終只能使得矛盾不斷地升級，不斷地激化，卻不知道退一步海闊天空的道理。

忍讓並不是不要尊嚴，而是成熟、冷靜、理智、心胸豁達的表現，一時退讓可以換來別人的感激和尊重，避免矛盾的加深，豈不更好。社會就像一張網，錯綜複雜，誰都會有與別人產生誤會或摩擦的時候，善待恩怨，學會尊重你不喜歡的人，放下仇恨的袋子，你就會少一份怨恨，多一份快樂，贏得更多的尊重。

「閻王好惹，小鬼難纏」，愈是有身分，愈是有素養的人就愈容易相處，與這類人之間的矛盾也就愈容易化解。反而是那些喜歡吹牛、大言不慚和長於炫耀的小鬼，最喜歡恃強凌弱，總是試圖通過打倒別人來表現自己的重要性，以示對閻王的忠心，結果只是表現出他們思想上的無知和行動上的無能。

優秀的「閻王」，一定會有王者風範，有著適可而止的智慧，懂得以和為貴的重要，要的是高水準的自尊，追求的是品德上的出類拔萃，也總會在風雲變幻時懂得三思，會阻止那些躍躍欲試、張牙舞爪的「小鬼」，明白胸懷寬廣、謙讓待人才是博大，避免更多無意義的爭執。

世上的事均有長有短、有圓有缺、有利有弊、有勝有敗，人們在處理爭端與矛盾時，總是想著爭取自己的利益，所以會出現一些無謂的爭端。各退一步，化干戈為玉帛，何樂而不為呢？聰明的人，不會一味地爭強好勝，在必要的時候，寧願後退一步，避其鋒芒，這麼做不僅能贏得旁觀者的尊重，更能贏得對手的尊重，你說，真正的勝利者是誰？

仇恨和爭吵其實就在人們的一念之間，仇恨能掩蓋一個人的品德，爭吵只會損害一個人的形象。而退一步則是化解仇恨和怨憤的良方，也是一個人體現其美德的方式。善待埋怨和仇恨，忍一時風平浪靜，退一步海闊天空，這樣的生活才會有滋有味。

生活需要退一步

生活中，人們避免不了彼此間的摩擦和糾紛，常為了利益而互相辱罵，甚至互相打鬥。其實這些狀況都是可以避免的，最簡單的做法就是退一步。

有人說退一步是軟弱、委曲求全、甘居人後的表現。其實不然，退一步的人往往具有廣闊的胸襟，多是不拘小節、氣度非凡、臥薪嘗膽之人，這種人往往比其他人更懂得生活，更知道退一步在生活中的作用。遇事只要退一步去想、去做，說不定就會柳暗花明，晴空萬里，更會讓你擺脫「只緣身在此山中」的局限，避免讓自己成為籠中鳥。

面臨錯綜複雜的社會關係，不懂得退一步，只會一味地去爭，可能會撞得頭破血流、鬧得魚死網破，兩敗俱傷。冷靜下來，認真地從各個角度去思考，給對方多一些理解和寬容，學著「退一步」，矛盾說不定也會解決。遇事時給自己五分鐘時間，冷靜地思考一下，一定可以擁有更開闊的心境，可以做出更加睿智的決策。

在前進的道路上，「退一步」積蓄一下力量，變換一下策略，看準一下時機，為更好地「進一步」打下堅實的基礎，又何樂而不為呢？

人生百態，各有所愛，你愛吃魚，他愛吃鴨，雖然嗜好各不相同，但緣分安排大家一桌共食，各自也都吃到了喜歡的東西，又何必強求別人一定要吃自己喜歡的東西？

如果能承認雙方品質各自有異的客觀存在，便會對彼此的互異感到快樂，你有你的思維方式，我有我的人生見地，若能互相學習，彼此寬容，就能一團和氣。轉換思維，用你的博大胸懷去包容萬物，退一步海闊天空，到那時，你會感到「明月裝飾了你的窗子，你裝飾了別人的夢」，就會有出人意料的美，意想不到的奇跡。

退一步，是生活中的一門學問。每個人都會面對讓自己進退維谷的狀況，這時候，退一步不僅是你風度的表現，還是你掌握如何與人相處的關鍵。掌握退一步的訣竅，會讓你更加如魚得水。

智慧品人生

退一步，代表的不是永遠的落後。許多事情人們之所以找不到出路，其實都是因為「身在此山中」看不清事情的頭緒，只有「退一步」之後，慢慢地加以分析，也許會找到問題的答案，解決問題的辦法就會一目了然。許多人以為在前進的過程中進比退重要，其實不然，適時退一步，你會發現其實自己前進得更快。

4．放棄，另一種選擇

選擇是理性的取捨，是有所為有所不為。放棄是為了更好地擁有，是為了更好地選擇。敢於放棄者精明，樂於放棄者聰明，善於放棄者高明。

放棄的選擇也美好

素有「跳高女皇」之稱的伊辛芭耶娃，最初喜歡的並不是跳高而是體操。伊辛芭耶娃從小就非常喜歡體操，夢想著有一天能夠成為世界冠軍。她揮汗如雨地練習著，嚴冬酷暑，捨不得荒廢絲毫時間。

然而，沒練習幾年，一塊陰雲開始漫上她的心頭：她的個子愈長愈高。在體操隊裡，人長高，意味著土豆發芽，是要被「扔掉」的。想一想，本來你可以在空中翻四個跟頭，長得太高，只能翻兩個半了，怎麼和他人競爭？

伊辛芭耶娃落寞地離開了體操隊，但內心裡的那個世界冠軍夢依然存在。她開始將自己的夢想寄託到另一種運動上——撐竿跳高。這是一個身高愈高，優勢愈大的運動項目。在改練跳高之後，她不僅獲得了奧運會、世界田徑錦標賽等各種大賽的冠軍，還多次刷新了女子撐竿跳高的世界紀錄。可以說是她的選擇、她的放棄成就了她的美好人生。

人的一生是一個不斷選擇的過程，但在很多時候是很難一選即準的，往往拐個彎，你的成功就會近在眼前。因此，你必須學會放棄，學會重新選擇。要知道，見什麼要什麼，想什麼是什麼，被物所役、被事所迷的心態不是正確的心態，更不是明智的選擇。

那些試圖抓住身邊每一個機遇，不懂得放棄的人是辛苦的，不但不能使自己真正擁有，反而會加重心理的負擔，縮小自由的空間，使他身不由己，最終迷失於形形色色的誘惑之中。

要從迷失中走出來，減輕自己的心理負擔，創造美好的人生，只有放棄才能擺脫困境、瀟灑自若，只有放棄才能淡泊明志、寧靜致遠。然而放棄絕非心無所繫，情無所用，學無所成。它是對名利的淡泊，對世俗的鄙視，對別人的寬容和對自己的淨化；它是在諸多機遇面前，去做最願意做最應該做最需要做的事情，而不管成敗結果如何，至少你自己是自由的、無怨無悔的。

放棄是一種執著，也是一種自信，既需要有寵辱不驚的豁達，也需要無怨無悔的寧靜和默默無聞的期待。

放棄是一種痛苦，也是一種境界，懂得放棄的人懂得在跌宕中開拓進取，真正抵達人生的目的地。

放棄是一個人的智慧和氣魄，在放棄中雖然蘊含著諸多遺憾，但正是因為放棄才使你能找回本真與自我，並朝著既定的目標邁出堅實的步伐。撥開那礙眼的雜枝繁葉，靜待你攀登的山嶽就會近在眼前。

有時候，放棄也是一種選擇

在印度洋一次罕見的海嘯突然來臨時，一位母親當時正帶著兩個孩子在近海地帶游泳，這位母親想救兩個孩子，可是當時的情況根本不允許，兩個孩子中她只能選擇一個。

對一個母親來說，這無疑是個痛心的選擇，最終，母親心痛地放棄了大一點的孩子，抱著較小的孩子躲過海嘯。然後趕緊通知救援人員去救她的大孩子。幸運的是，大孩子也救出來了，安然無恙！

這個故事告訴人們的就是放棄的價值。倘若那個母親當時沒有選擇放棄，她可能誰也救不了，甚至她自己也會遇難。

另有一個故事是這樣的：有個孩子，想要吃到瓶子裡的糖果，就把一隻手伸進了裝滿糖果的瓶子中，抓了滿滿一大把糖果，可手卻卡在了不大的瓶口處，怎麼也拿不出來。孩子急得哭了，這時，一個智者告訴他：「你必須放棄一些，才能吃到糖果。」可孩子就是不願意鬆手，依然死死地抓著那把糖果哭泣。

在你的人生歷程中，你學會放棄了嗎？如果沒有，你很有可能就會成為那個抓著糖果哭泣的孩子，怎麼也吃不到甜美的糖果，因為他不懂得，得到其實就在適當放棄之後。現實生活中，人們有太多的東西想要擁有，但由於不會放棄，什麼都要爭，事事都要堅持，結果反而使自己什麼也沒得到。

面臨誘惑，不懂得放棄只能在誘惑的漩渦中喪生；面對欲求，不懂得放棄就只能任由欲求牽著鼻子走；面對無奈，不懂得放棄就只能與憂愁相伴。世上萬物皆如此，有捨才有得，想要擁有，其實放棄就是另一種更好的選擇。

智慧品人生

放棄不是過錯。放棄生活給予的一些疼痛是每個人都有的權利。懂得放棄是人生的大智慧，適時的放棄則是自知與明智的結晶。有選擇有放棄，這才是完美的生活。及時放棄，放棄得當，勇於放棄，明天你的太陽會在明朗的天空中蓬勃地升起；明天你的人生花園就有了目標明確的人生規劃。放棄，其實是新的開始，更是一種選擇。

5・一失足未必成千古恨

人是在得失中不斷完善自己、更新自己。在得與失之間，無須徘徊，更不必苦苦掙扎，以平常心來對待，知道什麼是最重要的，放棄那些可有可無的，從而選擇我們生命中最有價值、最珍貴的東西。

放下，讓一失足避免鑄成千古恨

對於失足，它是令人痛苦的，是令人悲傷的，但更痛苦的是失足之後的束手無策，是失足後的不能警醒。一個人失足多半是他自己造成的，或者和個性或失誤有關，或者是因為方法不當，措施不力，即使有種種客觀因素在內，自己仍然不能推卸責任，最起碼是自己沒有看清形勢造成的。

然而，現實中的人們大多不能正視失足，不能找出失足的真正原因，多認為失足就永遠是失足，絕不會轉化為成功。實際上失足並不可怕，跌倒了爬起來就是了。怕的是被失足打倒；怕的是一朝被蛇咬，十年怕草繩；怕的是失足後千方百計推卸責任，不能很好地反思總結失足的教訓。

因此，面對失足我們該做些什麼，就成了失足後最應考慮的問題。最簡單、最正確的辦法就是勇於正視失足，找出失足的原因，加以改正後，學會把失足放下，用正確的心態樹立重獲新生的信心。只有這樣，你才能從失足的泥潭中掙脫出來，走向成功，走向輝煌。

《戰國策》中云：「聖人之制事也，轉禍而為福，因敗而為功。」失足既可以成為埋葬一切的墳墓，也可以成為「而今邁步從頭越」的起點，關鍵就在於你是否明白，學會放下你的失足所造成的不良結果。實際上，只要學會放下，失足將不再是你成功的障礙；只要你變換一下方向，你就有理由重新開始。

英國著名哲學家弗蘭西斯．培根在詹姆斯一世統治時期，可謂是官運亨通，青雲直上，很是風光。曾先後數次擔任宮廷顯要職務，因為有才幹，很得國王賞識，連續多次被授予貴族封號。可是正當他平步青雲，春風得意之時，一六二一年他因貪汙受賄罪，被英國高級法庭判處罰金四萬英鎊，並監禁於倫敦塔內。出獄後，他被逐出朝廷，不得再擔任任何官職，不得參與議會。

培根脫離政治生涯後，開始專心著述，先後提出了具有開創意義的經驗認識原則和經驗認識方法，還相繼提出了「要命令自然，就要服從自然」、「知識就是力量」等一系列對後人影響深遠的至理名言。

在其一系列作品中，他把矛頭直接指向經院哲學，在反對經院哲學的鬥爭中，他建立了自己的唯物主義經驗論，認為感性認識與理性認識的結合是非常重要的，從而成為歸納法的創始人。

曾經的失足讓培根成就了其非凡的業績，成為英國唯物主義和整個現代實驗科學的鼻祖，對人類哲學、科學乃至思想作出了重要的、具有歷史意義的貢獻，並成為英國十七世紀偉大的唯物主義哲學家、世界哲學史和科學史上具有劃時代意義的人物。

正是這次遭遇，讓培根最大限度地開發了自己的另一面，使之成了在人類思想史上占有重要地位的一代巨人，成為一名被後人永遠銘記的哲學家。如果沒有這次經歷，培根或許會在自己的高官厚祿之中終其一生，而我們將永遠都不會有機會和理由去記住在十七世紀的歐洲，曾有過一位叫培根的顯要人物。

培根用他的成就讓人們瞭解了失足並不可怕，可怕的是失足後依然將其掛在心上，不懂得放下，看不到放下後的廣闊天地。只要你懂得放下，失足不僅可以使你學到並深刻體驗到許多真知灼見，還可以使你認識到自己的能力與局限，更清楚瞭解自己努力的方向。

失足之後，一味地讓自己沉浸在悔恨之中，完全是於事無補的，正確的心態就是放下心裡的包袱，克服失足後的不良心理，把悔恨變為前進的動力，努力改正所犯的錯誤，彌補這個錯誤造成的損失；放下心理的障礙，開闊自己的胸懷，走出自我封閉狀態，傾聽人們善意的勸告。

放下成見，放下自己的敵對心理，用平常的心態去面對一切，你就會找回因為失足而丟失掉的自信，從而為自己提出更高的目標。失足之後重新再來，這就是放下的力量。失足後只要能夠學會放下，讓心態保持平和，你會發現一失足未必就成千古恨。

智慧品人生

學會放下失足的陰影，在失足之後盡快調整心態，克服自卑心理，逐步恢復自信，不再讓悔恨吞噬心靈。正如一位名人所說：「逆境中要記住自強不息，要把坎坷和困難變成前進的動力，千萬不要讓它變成背上的大石頭。」

要知道曾經的失足沒什麼大不了的，只要學會放下，就會發現一次失足並不是世界末日，只不過是一個新的開端，是命運讓我們做個新的更好的自己而已。

6．放下包袱，品味生活

生活中，各種各樣的包袱和貧富關係不大。貧窮有貧窮的包袱，富裕有富裕的累贅。有些貧困家庭，歡聲笑語，和睦相親；有些富有家庭，愁容滿面，隔膜冷清。原來，兩者的區別，不在於財富多少，而是是否善於將生活中的包袱放下。

生活的美好就在放下後

有這樣一則寓言故事：一個人在荒野碰到了一隻老虎，於是他拚命逃跑，那隻老虎對他緊追不捨。當跑到一處懸崖上時，他雙手抓著一根野藤，全身懸在半空中搖盪。他抬頭望，只見那隻老虎仍在向他怒吼，而向下看去，卻又見另一隻老虎正張開血盆大口等著他，而他只有一根枯藤賴以維繫生命。

就在此時，又有一隻白鼠和一隻黑鼠在上面開始啃噬那條枯藤。他沮喪萬分，忽然，他看見附近有顆鮮美的草莓，於是他一手攀藤，一手將草莓送入了口中：「味道好美呀！」

在現實生活中，很多人都有機會去品嘗「草莓」的美好味道，卻很少有人能夠真正的品嘗到，因為在人們的眼裡只看得見凶猛的「老虎」和狡猾的「老鼠」，對近在咫尺的「草莓」往往視而不見。其實這顆「草莓」就在我們的周圍生長著，如果放下對「老虎」的恐懼，對「老鼠」的仇恨，我們就能隨手摘到「草莓」，品嘗到「草莓」的美味。

古代有位驍勇善戰的將軍，在戰場上勇猛作戰，為維護民族的疆土立下了許多汗馬功勞。後來將軍退休了，過起了富翁的生活。將軍喜愛收藏古董，一次，他正把玩一件價值連城的古董時，一不小心，差點將古董掉在地上摔碎，驚得出了一身冷汗。

這對身經百戰的將軍來說，是從來沒有發生過的事情，而他也在瞬間便醒悟到自己身上已經背負了沉重的包袱。於是毅然擊碎那件古董，以此來表示放下古董形成的巨大包袱。

在現實生活中，每個人都有屬於自己的這樣或那樣的包袱。這些包袱大多數也是自己背上去的。因為大多數人都認為自己的幸福取決於周圍的環境，而不是在於自己，希望生活處處都美好，所以總要在與別人的比較中感知是否比別人過得好，從而確定自己是否美好。那些十分在意別人對自己的評價的人，其心理上的包袱自然也在別人的評價中增加，本來美好的生活就再也感覺不到美好。

「放下包袱，品味生活」是每個人都想做到的，但我們總是在無形中給自己加上這樣那樣的沉重包袱。尤其是升學壓力、就業壓力、工作壓力、競爭壓力日益突出的今天，「進行心理減壓、放下思想包袱、輕裝上陣」已經成為人們追求美好生活的必要條件。要知道有實力的「靈魂」，總是在「減」的過程中展現；而成功的奇跡，也往往會在「放」的不經意間發生。

放下包袱，生活靠心去體驗

一對以撿破爛為生的夫婦，每天都是起早就到處撿拾破銅爛鐵，直到太陽下山時才回家。他們總是習慣在門口的院子裡擺上一盆水，搬一個凳子，把雙腳浸在盆中，然後拉弦唱歌，唱到月正當空，渾身涼爽的時候他們才進屋睡覺，日子過得逍遙自在。

在這對夫婦的對面住的是一位很富有的員外。員外每天都是坐在桌前算著哪家的租金還沒收，哪家還欠賬，每天都感到有許多煩惱。他看對面的夫妻每天快快樂樂地出門，晚上輕輕鬆鬆地唱歌，非常羨慕也非常奇怪，於是問他的夥計說：「為什麼我這麼有錢卻不快樂，而對面那對窮夫妻卻是如此快樂呢？」

夥計問員外：「員外，想要他們憂愁嗎？」

員外回答道：「我看他們不會憂愁的。」

「只要你給我一貫錢，我把錢送到他們家，保證他們明天不會拉弦唱歌。」夥計表示。

「給他錢他一定會更快樂，怎麼說不會再唱歌了呢？」員外問。

夥計說：「你儘管給他錢就是了。」

員外果真讓夥計送了一貫錢到窮人家。而這對夫妻在拿到錢後，那天晚上竟然睡不著覺，因為丈夫整晚都在為這貫錢操心，一會兒躺上床，一會兒又爬起來，整夜就這樣反覆折騰，無法成眠。

妻子看到丈夫坐立不安，也開始煩躁起來：「現在你已經有錢了，又在煩惱什麼呢？」

丈夫說：「有了這些錢，我們該怎樣處理呢？把錢放在家中怕丟了，現在我滿腦子都是煩惱。」隔天一早，丈夫把錢帶出門，在整條街上繞來繞去卻不知要做什麼好，直到太陽下山。回家後，他對妻子說：「這些錢說少，卻也不少，說多又做不了大生意，真是傷腦筋啊！」

那天晚上，員外站在對面，果然看不到他們拉弦和唱歌了，就到他們家去問原因。這對夫妻說：「員外啊！我看我把錢還給你好了。我寧可每天一大早出去撿破爛，也比有了這些錢輕鬆啊！」

如今的社會，人人都在拚命追求著財富，卻不知財富恰恰是人們最大的包袱，一如鳥兒的翅膀拴上了金塊就難以再飛翔。當心中有一個包袱時，沐浴陽光只能是癡人說夢，同時也欣賞不了鳥兒的歡聲笑語，甚至會忽視掉生活中其他美好的事物。

人的心力有限，如若不能承受困難和困惑，還不如適時地放下包袱，用心去感受生活。

放下功名的羈絆，放下昔日的喧囂，獲得生活的恬靜。有了「採菊東籬下，悠然見南山」的逸致，有了「此中有真意，欲辨已忘言」的閒適，你才能真正體會到生活的美好。

智慧品人生

看到繁華的世界，看到燈紅酒綠，許多人都認為自己沒有比爾．蓋茲的財富，沒有潘基文的權力，沒有霍金的頭腦，於是開始拚命追求，似乎忘記了周邊的一切，卻沒有想到擁有後的生活：也許你有了財富，卻有可能雙親已去；有了權力，卻朋友見棄；有了智慧，卻無法應用於實踐……追求好的是為了享受生活，當一切壓在身上，形成沉重的包袱時，還不如忘掉昔日的繁華，讓過去的財富成為過去，讓今天成為你的新起點。把輕鬆還給生活，放下自己的包袱，讓心靈享受寧靜，你才能成功地品味到生活的美好。

第四章
絢爛情感，淨化心靈——愈放下愈多姿

走過的歲月沒有回程，錯過的情感只能放下。許多事即使回頭也無法改變，許多人註定相遇而不能相愛，或許唯有如此，才顯珍貴，才能珍惜。學會放下，在落淚以前轉身離去，留下簡單的背影；學會放下，將昨天埋在心底，留下最美的回憶；學會放下，讓彼此都能有個更輕鬆的開始，遍體鱗傷的愛就不要再刻骨銘心……

放下曾經的輝煌，放下昔日的苦難，放下對舊日戀情的回憶，卸下身上所有束縛我們前行的包袱，人生最大的幸福就是放下。

1·放下，給自己自由

愛過你的人，使你肯定自己是值得被愛的；你暗戀過的人，則讓你學會在遐想中自我滿足；即使一些離你而去的人，他們的出現也是很有意義的，他們讓你學會放下，給自己多一點自由的空間，面對新的開始。

——《真愛要用心去追求》

放下就是快樂，忘記就是自由

都說人是感情動物，可是感情耽誤了我們多少事情，使我們做出多少傻事，它擾亂了我們的心境，致使工作浮躁、家庭無趣……讓你總是為所謂的「愛」而心神不寧。很多人都無法放下已逝的感情，因為依戀，因為習慣，因為回憶……這一切都阻止我們去學會「放下」過去的種種！

貞云原本生活在一個平靜的世界裡，過著平凡的日子。有一天，上天賜給她一份愛情，突然有一個男孩闖入了她靜如止水的世界，她接受了那個男孩的表白。

當她和男孩相處的時候，她覺得男孩是一個可以相信、值得依靠的人。感覺告訴她，她已經深深地愛上了他。他對她好，愛她，疼她，寵著她。經過一段時間的愛情磨合，貞云已經把自己的感情全身心地投入在男孩的身上，於是她一心一意，執著地愛著他。

但是事情並不像她想像中的那樣美好，就在她愛得無法自拔的時候，男孩終於露出了真面目。原來，那男孩不僅在年齡上欺騙了她，還在感情上欺騙她。他居然還有一個同居一年的女朋友。當貞云知道真相之後，她真的不敢想像，曾經的他和現在的他竟是同一個人，那一剎那間貞云從天堂掉進了地獄。

更讓人可恨的是，男孩為了和自己的前女友和好如初，竟然讓貞云出面向其解釋說：「他真的很愛妳，和我在一起的時候他總是提起妳，他從來沒有像對妳那樣對我好，所以請妳原諒他。」她這一句話勝過別人的十句話，他們又重新開始在一起生活。

雖然貞云用了半年的時間才忘記那段短暫的愛情，但她已徹底拋開了那段痛苦不堪的回憶，是放棄讓她重新撐起了自己的一片天空，是放下使她能自由地飛翔。如果不懂得「放下」，貞云難免會成為一個怨婦，到頭來累的只有自己，苦的也只有自己。

痛後方能成長，放下方知來日方長。不要膽怯，不要傷悲！學會「放下」的藝術，放下就是快樂，忘記就是自由。

放棄愛情，將獲得自由

放棄悲傷，將收穫快樂；放棄痛苦，將獲得幸福；放棄寒冷，將收穫溫暖；放棄軟弱，將獲得堅強；放棄愛情，將獲得自由……有時候，人確實應該學會放棄，畢竟這個世界上有許多東西並不屬於自己。

他或者她也許只是我們生命中的一個過客，匆匆而來，而後又匆匆消失。為什麼我們一定要去挽留，有些人，是你欲留而又留不住的，曾經擁有過就是最美，不如讓那一段往事，留在記憶中，用剩下的時間去回味。

愛情與自由就像一個蹺蹺板的兩端，你高我必低，有取得必然會有放棄。兩個人只要能在中間找到一個平衡點，活得開心自在，那就是愛情裡最大的自由了。

如果在談戀愛的時候，除了男朋友，妳連見別的男生的機會都沒有，這樣的愛情是不會幸福的，因為妳連基本的自由都沒有……這是自由的問題，也是信任的問題。給予足夠的信任，那就是自由的空間。相愛必然會互相影響，互相約束，有了愛情就必然會少了任意的自由，想要任意的自由那就根本得不到真正的愛情。

然而，「生命誠可貴，愛情價更高，若為自由故，兩者皆可拋」。愛情不是生命的唯一，更不會比生命「價更高」。我們不像在革命年代那些為了爭取全人類自由的人，他們享受的自由必須由拋棄愛情、生命換來。那麼，當我們擁有著自由時就不要不以為然，因為不必拋棄生命就能擁有自由是何等幸福的事！

智慧品人生

也許你會被梁山伯和祝英台的愛情感動，會為羅密歐與茱麗葉的愛情而流淚，但絕不要仿效他們為愛殉情，這是對家庭、對社會的一種不負責任的做法。我們的生命不僅只屬於自己。家庭的責任，社會的使命，不允許我們這樣。如果我們放下尊嚴，放下個性，放下固執，都只是因為放不下一個人，那麼不如學會放下，給自己多一些自由的空間！

2・緣分不可強求

當愛情來了，要學會把握；當愛情淡了，要學會放下。

——《真愛要用心去追求》

緣分不可強求，是聚是散都應隨緣

緣分，一種美妙的感覺，源自於心靈的契合，可遇不可求。有時，它與你擦肩匆匆而過；有時，深情款款地向你走來。就算詞窮墨盡，亦無法形容描寫得酣暢盡致。

有些人天天相見，卻只是淡淡的點頭之交。有些人，素未謀面，初見卻能產生共鳴，彼此心心相印。一次美麗的邂逅，這是緣分。緣起，誰也阻擋不了；一次無意中彼此悄然錯過，這是緣分，緣滅，誰也留不住。

從前，有一名秀才和未婚妻約好要在某年某月某日結婚。但到那一天時，他的未婚妻卻嫁給了別人。秀才因經不起打擊，一病不起。家人用盡各種辦法都無能為力，眼看他已經奄奄一息。這時，路過一個雲遊僧人，得知情況後，決定點化一下他。

僧人到秀才的床前，從懷裡摸出一面鏡子叫他看。秀才看到茫茫大海，一名遇害的女子一絲不掛地躺在海灘上。路過一人，看一眼，搖搖頭，走了……又過一人，把衣服脫下，給女屍蓋上，走了……再路過一人，過去，挖個坑，小心翼翼把屍體掩埋了……疑惑間，畫面切換，秀才看到了自己未婚妻的洞房花燭，被她丈夫掀起蓋頭的瞬間……

秀才不明所以。僧人解釋道：「那具海灘上的女屍就是你未婚妻的前世，你是第二個路過的人，曾給過她一件衣服。她今生和你相戀，只為還你一個情。但是她最終要報答一生一世的人，是最後那個把她掩埋的人，那個人就是她現在的丈夫。」秀才大悟，「唰」地從床上坐起，病竟然痊癒了。

白雪公主註定是要和王子相遇的，無論是繼母王后派出的獵人還是那顆帶毒的蘋果，無論是那面說實話的魔鏡還是七個可愛的小矮人，他們的出現都是為了讓公主和王子相遇，成就一份純美戀情。「善有善報，惡有惡報」，對柔弱又尊貴的公主而言，也許最好的報答就是收穫一份天長地久的愛情，這是讓上天都感動的愛，是冥冥中不可強求的緣分。

如果你相信緣分的存在，就應該明白，緣分可遇不可求，該是你的，早晚是你的；不該是你的，怎麼努力也得不到，是聚是散都應隨緣。若是有緣，時間、空間都不是距離；若是無緣，終日相聚也無法會意。凡事不必太在意，更不要強求，就讓一切隨緣吧！

緣分就應該順勢來去

有人問隱士：「什麼是緣分？」隱士想了一會說：「緣是命，命是緣。」此人聽得糊塗，去問高僧。高僧說：「緣是前生的修煉。」這人不知自己的前生如何，就問佛祖。佛不語，用手指指天邊的雲。這人看去，雲起雲落，隨風東西，於是頓悟：緣是不可求的，緣如風，風不定；雲聚是緣，雲散也是緣。

感情也如雲，萬千變化，雲起時洶湧澎湃，雲落時落寞舒緩。感情如雲聚雲散，緣分是可遇不可求的風。

張愛玲曾經說：「於千萬人之中遇見你所遇見的人，於千萬年之中，時間無涯的荒野裡，沒有早一步，沒有晚一步，剛巧趕上了。那也沒有別的話可說，唯有輕輕地問一聲：哦，你也在這裡？」這就是緣分。

世上有很多事可以求，唯緣分難求。茫茫人海，浮華世界，有多少人真正能尋覓到最完美的歸屬，又有多少人在擦肩而過中錯失了最好的機緣。或者又有多少人有正確的選擇卻站在了錯誤的時間和地點。有時，緣去緣留只在人一念之間。

每個人，就像一對蚌殼的一片，在同一條河上尋啊尋啊，找到另一半就會合攏起來，護著一顆透明的珍珠。然而，緣分可遇不可求。人們在河邊尋找，不一定就能找到另一片蚌殼。就算幸運有緣相遇，也有可能無緣相伴。

愛情是流動的液體，她會被客觀改變，也會自己發生變化或蒸發。亙古不變的東西是沒有的，屬於你的自然會握在你手中，流失的，就任它去吧。如果已經緣盡，選擇分離，就不必回頭。但得到的就一定要珍惜，因為沒有人會在原處傻傻等你。

智慧品人生

「命裡有時終需有，命裡無時莫強求」。緣分往往在我們不經意間隨風而至，又會在我們拚命想抓住時悄悄地隨風而逝。什麼是緣分？沒人能說清。緣分是最捉摸不透的、最虛無縹緲的東西。它不需要刻意追求，但需要用心把握，因為也許當初的錯過，一回頭已是滄海桑田。

3．該放就放，世間沒有完美

自古以來，郎才女貌，門當戶對，被認為是男女的最佳組合。殊不知，故事在我們期待的青春時期卻變得不再完美。其實，人生就是在完美與不完美，知覺與不知覺中演繹著。我們只能珍惜生存的權利，而不必追求完美。

——《追求完美》

放下完美的愛

在愛情的長跑道上，如果太完美就意味著距離和壓力，所以，我們寧可要簡單、自然、回歸現實的愛情模式。

所謂珍惜，並不是要去珍惜最好的，那不叫珍惜。珍惜的真諦恰恰在於敝帚自珍——正因為不夠完美，所以才需要我們去珍惜。唯有珍惜，才能使尋常的感情歷久彌新，變得珍貴起來。

相遇是緣，相識、相戀更是緣，我們期盼兩人攜手走完整個人生，但彼此能相伴快樂走過一段也應心存感激。放手，也許比堅持更加不易，需要面對艱難抉擇的勇氣、權衡得失的智慧以及剎那取捨的決斷。

放手，只是一種選擇，不是放棄，只是生活中的一個轉彎，轉過去，眼前會出現不同的風景。放棄，讓我們學會選擇，放棄，是一種經歷，選擇經歷後，會更加懂得愛。

我們都是世間平凡的男女，掙不出愛恨糾纏的情網，逃不過愛與被愛的漩渦。心碎神傷後，是漫無止境的寂寞。但是細細體味寂寞後的瀟灑，想想除他（她）以外的快樂，想想再也不用為了猜測他（她）的行蹤而煩惱。

感情無論是結束還是開始，都是我們的主旋律，我們還有更遠的路要走，還有更深重的責任，不能背棄我們的理想和希望。得到愛情會痛，放棄同樣會痛。當昨日的幸福、放棄的痛楚在內心淡化成一道痕跡，在柔腸百轉之後也許會恍然大悟：放手，成全了自己的愛情。

該放手時就放手

他和她在大學相戀。在他熱淚盈眶之時，作為朋友的她小心翼翼地遞去了拭淚的手帕。過後，他眼神熱烈，對她說那手帕是他人生陰霾中的一縷陽光，豁亮了他的心胸，說完便緊緊握住了她的手。或許是學生時代的她曾對他有過依稀的迷戀，或許是他的魅力太難於抗拒，那一刻，她沒做任何反抗就交出了自己的愛情。

愛情萌芽的日子，身邊處處都是他撒下的迷人芬芳。她熱衷於卿卿我我的韓劇，而他總是忍痛不看足球直播，靜靜地坐在她的身旁；她喜歡用刁鑽的眼光去評價各大商場裡的漂亮時裝，他則拎著她的包包在她身後一臉微笑；櫻桃成熟的季節，他每天都不會忘記在樓下的超市裡帶回一些，因為他知道那美味是她所貪戀的……

被幸福浸泡無疑是美妙的事情，可熱戀期過後，一不留神，愛情的甜美便在前方不遠處猛然拐了一個彎，他漸漸離她而去。他的手機裡開始有了肉麻的簡訊，下班後他開始有了晚歸現象……

現實就像一場突降的暴風雨，在她傾心付出之後，她感受到從未有過的驚慌失措。她覺得或許在他心中，她只是一個可悲的替補。但他偽裝的眼神令她不由自主地選擇了忍讓，她還是愛著他的。

後來的日子，她加倍傾情投入，試圖以她充滿溫情的愛去感化他那顆需要溫暖的心。而他也真的改變了，努力地回應著。可愛情實在是一個不可預期的複雜程式，他們的努力並不能決定它軌跡的取向。

一個陰冷的下午，他出人意料地帶回了一個水果罐頭，說那是她最喜歡吃的櫻桃。看到櫻桃的那一刻，她一直矛盾的心豁然開朗，她似乎讀懂了一場原本就不該發生的愛情，讀懂了他，也讀懂了自己。

她愛他，是源於少女時代對他的迷戀。而他選擇她，只是出於在他失落時她向他伸手的感激。這樣的愛情就像這裝進罐裡的櫻桃，雖然勉強保有了它原有的形態，但它的顏色、味道早已大打折扣。

該放手時就放手。因為他們都不是那場愛情真正的主角。也許放手是一種無奈的絕望，痛徹心扉。當和曾經珍愛如生命的人相逢陌路時，才恍然大悟，原來，曾經以為的天長地久，其實只是萍水相逢。也許你曾經以為兩個人可以牽著手一路走下去，可是放手了才明白，一切只是兩條平行線偶然的相交，當一切都煙消雲散，平行的依舊平行，即使相隔不遠，也已是人各天涯。

也許放手後的日子，你會鬱鬱寡歡，會莫名地為一首歌、一部戲，甚或是一句話而淚流滿面，總覺得天是黑的，雲是灰的，總覺得失去了生活的意義。可是，你的朋友會告訴你，你什麼都沒有失去，你只是回到了認識他之前的日子，你釋然，就像煙花不可能永遠掛在天際，只要曾經燦爛過，又何必執著於沒有煙花的日子呢？

世間沒有完美，我們自己也不完美。愛就是接受不完美的現實，帶著遺憾去愛；愛就是努力改變自己，提高自己，達到對方理想的過程。愛是付出，不是索取，愛是理解，不是自私。

勇敢的代價是自己先放下，祝福他今後幸福快樂。而自己則靜靜地等待傷口平復，體會著敢愛敢恨敢失去的灑脫。幸福的感覺也許只能是剎那，但剎那過後，便是一個人的精彩。

智慧品人生

童話般的美好愛情在現實生活中並不存在。放手才是最完美的幸福，請不要再執迷不悟，因為等在你面前的永遠是不可逃避的深淵和痛不欲生的冷笑。愛得盲目和無知，只能痛得更甚！忘記他曾和你有過的所有快樂和虧欠，被眼淚淹沒到死的瞬間，被憐憫的原來只是那份被遺棄的愛情……

4．錯過了美麗也不必遺憾

你可能會跌倒，甚至遍體鱗傷，痛不欲生；也有可能罵自己為什麼來攪這個渾水，真是不值！但是，只有你自己最清楚，你變得不一樣了。每一次的歷練都會讓你改變，重要的是，能在愛中成長。

——《每個愛情都是出口》

愛情裡沒有加班費，錯過了也不必遺憾

人總是這樣，已經得到的東西不去好好珍惜，偏要拚命追求那些不屬於自己的，就算明知道那些是永遠都無法企及的，比如愛情。

愛情是人類生活中一個永恆的主題，永遠討論不完的話題。愛情是甜美的、偉大的，卻又是自私的、折磨人的；愛情讓人變得美麗，讓人變得快樂，讓人沒有年齡；它同時也會刺激你，折磨你，讓你變得卑微。

你深深地愛著一個人，你自以為你的愛是崇高的，所以你拚命地追求，按時接送，即使那個人從來都是對你不屑一顧，你也無所謂；你深深地愛著，死命地愛，為了那個人的快樂而快樂，為了那個人的傷心而傷心。

愛著那個人讓你魂不守舍，讓你神經兮兮，你變得不成人形，一個人在舞台上演著沒有觀眾的獨角戲……其實你也迷惘，你的愛情到底有沒有結果，你這樣是不是值得。

可是你還是瘋狂地愛著，終於有一天，現實來到你面前，那個人傷害了你。

於是你眼淚不斷，你想不通，是自己錯了？還是那個人無情？

難道你的用心，你的付出都是枉然？你覺得你的愛情就這麼被踐踏了，於是你更傷心。但是你可曾想過，愛情是彼此的情感，而不是一個人單方面的愛。有很多人都是這樣，剛開始時抱著不需要回報的想法對待愛情，可是，經過長久的付出之後發現，真是身心俱疲，身心早已經被愛情淘空了，或者說是被對方淘空了。

其實你沒有錯，那個人亦沒有錯，只是愛讓你迷失了心志，太想擁有，太過盡力。你沒有認識到愛情不是加班，沒有額外的收入這個道理。也許經過這件事情會讓你明白這個道理：當一個人不愛你時，無論你怎麼用心，怎麼付出都是自欺欺人。

愛情是兩個人的事情，一個人無論多麼努力，多麼愛，如果得不到對方的回應，終究還是徒勞。美好的愛情都是兩情相悅的，所以單戀才會是那麼的苦澀。愛情不可能由一方決定，要想得到對方的喜歡，就必須以自身的魅力、人品、才華等吸引對方，而不是只靠一方的強烈追求所能達到的。

不要勉強他愛你，也不要勉強自己不去愛他，既然愛了就愛了，不要怨恨也不要傷心，微笑一下，豁達一點，愛才能美好、長久、真實；對什麼事情，我們都不可能有絕對把握，愛情亦是如此，如果刻意去追逐，就很難走出患得患失的心態。明白的人懂得放棄，真情的人懂得犧牲，幸福的人懂得超脫。不愛並不等於滅亡，地球上兩個人相遇是多麼不容易，感激你們的相遇吧！

正確地面對你的愛情

愛情是很虛無的，沒有人能說清它的實質究竟是什麼。只有小說等文藝作品中的愛情才會轟轟烈烈，纏綿悱惻，椎心刺骨，我們此等凡人，何來能力承受如此的愛情？

愛情只是生活裡的調味劑，放得適量，才能烹出美味，唯一無奈的是誰也無法正確掌握究竟多少才是適量，畢竟各人有各人的口味。兩顆心的相互碰撞，才可以得到可歌可泣的愛情，如果用一顆心去撞別人緊閉的門，無疑是用火在燒自己。迷戀之後，追求之後，在你筋疲力盡的時候，就應該放棄。

放棄了的痛苦是難耐的，但若不放棄，失去的會更多；悽愴之後，委屈之後，失眠之後，淚流成河，而當你過了這條河就會發現，彼岸的風景也很好。回頭看看，其實這條河是極淺的。別再憂鬱，別再難過，別在不屬於你的愛情中尋覓，放棄，是唯一的，也是最好的選擇。學會放手，才可以快樂。

刻意改變自己去取悅對方，那樣的愛情不會長久。如果那個人不喜歡你，你怎麼去追求也都是沒有用的。就算你用真誠打動了他一時，可是誰又能保證他永遠也不會遇到自己心中所愛，那時的你該把自己放在哪個位置呢？

真正的愛情源於彼此發自內心的傾慕，建立在兩情相悅的基礎上。任何只顧瘋狂地去愛別人而不顧自己有否被愛，或者只顧索取而不知真心付出的人，都不會有好的結局。

如果愛情已成往事，就讓它煙消雲散吧；一朵花謝了，再尋找另一朵；別用眼淚去感動愛情。就算愛情沒了，生活也一樣在繼續，幸福永遠在將來，命運或許在你手中操控。

一廂情願的愛情是蠟燭，能給你光明，但風一吹就熄滅；一廂情願的愛情是飛鳥，能裝點風景，但天氣一變就飛走；一廂情願的愛情是鮮花，雖然嬌豔動人，但過了五月就枯萎；一廂情願的愛情是彩虹，雖然繽紛絢麗，但那是瞬間的騙局，太陽一曬就蒸發。

從白素貞到張愛玲，由古至今，愛情都不會因為妳是一個有著美好願望的女子而功德圓滿。面對不屬於自己的愛情，請給它一個瀟灑的轉身，給它一個美好的歸宿，留給曾經的愛人一份永遠的紀念。

因為你愛他，所以你要尊重他的選擇，即使他給不了你承諾；因為你愛他，所以不要哭，你要知道他並不愛你，所以他不會心疼你的淚；如果他不愛你，那就不要以任何理由打電話給他，如果他發來問候要說自己很好，同樣也要問候他；如果你們有緣再遇的話，用微笑來代替你想說的一切。

你要學會忘記這種愛，為了他，為了自己，也為了現在或者以後愛你的人。放下手中的線，轉過身去，也許是你的另一個重生。

智慧品人生

人都會有「錯過」，當你錯過一棵樹時，就意味著你可能得到了整個森林。所以，即使你真的錯過了，也不要遺憾。愛過了，痛過了，才會懂得如何保護自己；傻過了，錯過了，才會懂得適時地堅持與放棄。學著放棄，在落淚以前轉身離去；學會放棄，將淚水藏在眼裡；學會放棄，彼此都能重新開始。夢醒了，就讓那些往事隨風離開你。

第五章
快樂人生，燦爛晴空——愈放下愈快樂

人活著就是為了快樂，而放下就能快樂！

拿得起是勇氣，放得下是度量；拿得起是能力，放得下是超脫。鮮花掌聲能等閒視之，挫折、災難能坦然承受。「人生最大的成功是拿得起，生命最大的安慰是放得下。」一個人往往只有經歷了漫長的人生跋涉後，才能最終明白生命的意義其實並不在於獲得，而在於放下。放下了，就能快樂。

1・人生之路始於「放下」

我不會「抓緊」任何我擁有的東西！我學到的是，當我抓緊什麼東西時，我就會失去它。如果我「抓緊」愛，我也許就完全沒有愛；如果我「抓緊」金錢，它便毫無價值。想要體驗「擁有」的唯一方法，就是「放下」。

——尼爾・唐納・沃許

始於「放下」，終於「快樂」

「放下」本是一句禪語，《禪意與化境》中道：「放下你的外六塵、內六根、中六識，一直捨去，捨至無可捨去，是汝放生命處。」然而，又有多少人能夠真正懂得這種境界呢？

人在原始的時代裡，過著封閉的生活，以為視所能及之界，步所能至之處便是所有的天地，而原始的平等與平均使人欲也隨之淡化。是想像和美好的心願開啟了人類欲望的大門，任何可以想像又力所能及、智所能為的產物開始了天地間的變化。從此人類對生活不再滿足，欲望得到了無盡的「昇華」。在追求物質的過程中，欲望得到了充分的滿足，但心靈卻似乎再也找不回當初的那份寧靜和安詳。

物欲橫流的今天，數字的多少劃分著人們的等次，打破了人們內心的平衡寧靜。忙碌的腳步，躁動不安的心，努力地尋找提升自身社會階級的機會，不擇手段地往上鑽，人們變得幾乎瘋狂。謊言被人崇拜，實話被人遺忘。掩耳盜鈴，自欺欺人，是非難辨……

有這樣一個故事：一天，無德禪師正在院子裡鋤草，迎面走過來三位信徒向他施禮，說道：「人們都說佛教能夠解除人生的痛苦，但我們信佛多年，卻並不覺得快樂，這是怎麼回事呢？」

無德禪師放下鋤頭，安詳地看著他們說：「想快樂並不難，首先要弄明白人為什麼活著。」

三位信徒你看看我，我看看你，都沒料到無德禪師會向他們提出這個問題。

過了片刻，甲說：「人總不能死吧！死亡太可怕了，所以人要活著。」

乙說：「我現在拚命地工作，就是為了老的時候能夠享受到糧食滿倉、子孫滿堂的生活。」

丙說：「我可沒你那麼高的奢望。我必須活著，否則一家老小靠誰養活呢？」

無德禪師笑著說：「怪不得你們得不到快樂，你們想到的只是死亡、年老、被迫工作，而不是理想、信念和責任。沒有理想、信念和責任的生活當然是很痛苦、很累的。」

信徒們不以為然地說：「理想、信念和責任，說說倒是很容易，但總不能當飯吃吧！」無德禪師說：「那你們說有了什麼才能快樂呢？」

甲說：「有了名譽，就有一切，就能快樂。」

乙說：「有了愛情，才能快樂。」

丙說：「有了金錢，就能快樂。」

無德禪師說：「那我提個問題，為什麼有的人有了名譽卻很煩惱，有了愛情卻很痛苦，有了金錢卻很憂慮呢？」信徒們無言以對。

無德禪師說：「理想、信念和責任並不是空洞的，而是體現在人們每時每刻的生活中。我們必須改變生活的觀念、態度，生活本身才能有所變化。名譽要服務於大眾，才有快樂；愛情要奉獻於他人，才有意義；金錢要佈施於需要得到幫助的人，才有價值。這種生活才是真正快樂的生活。」

一個永遠不想放下的人，是一個沉重的人；一個永遠不能放下的人，人生就難有新的收穫和新的體驗，不過是空忙一場。如此負重累累的人生又怎能承受生命的重量？

「放下」是一種平淡的心境

不要煩惱時光的反覆不變，因為日月就是經由這樣的交替來變更年輪；不要埋怨歲月的無常，因為無常的是被五彩繽紛煩擾的心。放下是一種平淡的心境，以淡泊之心處世，才能真正做到放下。當心靈在晨鐘暮鼓的洗滌中慢慢被淨化時才發現，曾經以為不能放下的東西在不經意間已經被遺忘。一切始於空白，又終於空白。

「放下」並不意味著放棄。放棄是絕對的，放下是相對的。放下是為了更好地進取，當你放下自我，捨棄擁有，你會獲得從頭再來的充實，品味收穫的喜悅，擁有創業的榮耀……你得到的是對生命真諦的理解。

人們總是被自己過多的欲望折磨著，想找到一個出口，然而卻不斷地迷路。就算偶爾收穫也只會是小人得意的淺薄，歡笑之後的痛苦只有自己品嘗。

人們總是喜歡站在高處遠眺前方，卻忘了「高處不勝寒」。其實，有時也應該在高處站成低頭的姿勢，給自己一次俯視的機會。約束自己，不要總顧著向上攀登，過一過簡單的生活，好心情反而不期而至。

漫漫人生旅途，一路走來，閱過數不盡的山山水水，遇過道不清的風風雨雨，有所得必有所失，只有放下，才能擁有一份輕鬆，才會活得更加充實，更加坦然。當你捨棄浮華，放下包袱，輕鬆上路的時候，你會感到從來沒有過的開心與自在，這就是簡單質樸、快樂相伴的生活，每一個人都應該好好去享受。

智慧品人生

懂得放下的人，才是懂得生活的人；學會了放下的人，才有可能擁有更為廣闊的天空。放下，既是理性的表現，也是豁達的舉動。寵辱不驚，閑看庭前花開花落，讓身與心得到恬靜地休憩，讓情與景得到自然地交融。放下，你會發現沙漠很美，因為其中藏著一方綠洲；放下，你會發現空谷很美，因為有蘭花幽幽綻放；放下，你會發現生活很美，因為有親情、友情、愛情的支持。

一花一世界，一葉一春秋，一沙一天堂，一水一桃源。放下一切，瀟瀟灑灑，坦坦蕩蕩，真真切切，從從容容。歷經滄海桑田，終得返璞歸真。「快樂地經歷風雨，輕鬆地面對人生的起伏」，才是最精彩的人生狀態。

2・放下就能快樂

快樂是一顆開心果，是一粒解煩丹，是一道歡喜禪。只要你心無掛礙，什麼都看得開、放得下，何愁沒有快樂的春鶯在啼鳴，何愁沒有快樂的泉溪在歌唱，何愁沒有快樂的鮮花在綻放？

想快樂，就放下

何為快樂？快樂其實是一種心情，一種柳暗花明的豁然開朗，一種重負頓釋的輕鬆愜意，一種撥開雲霧見到朝陽的驚喜，一種洞悉人生真諦的大智慧。

在每個人的心靈深處，都會有一塊屬於自己的純潔聖地，快樂就隱居於此，她操縱我們每天的心情：時而像萬里晴空中的朵朵白雲悠然自得；時而又像雨後的彩虹絢麗奪目；時而感受春風送來的問候；時而享受白雪皚皚中的那份寧靜。

然而，身居鬧市的你是否發現，我們的心情愈來愈難以駕馭，承載她的那塊聖地正在漸漸地脫離我們的身體，離我們愈來愈遠……取而代之的是整天被名韁利鎖纏身，陷入你爭我奪的境地。我們肩負著不斷追求名譽、金錢、權勢等太多的累，不停地為自己描繪著自以為前程似錦的美好藍圖。就這樣，我們在名利的誘惑下，一天天地在世俗的沼澤中掙扎，愈陷愈深……

一個富翁背著許多金銀財寶去尋找快樂，可是，走過千山萬水也未找到，於是他沮喪地坐在山路旁。這時，一位農夫背著一大捆柴草從山上下來。富翁說：「我是個令人羨慕的富翁，為何沒有快樂呢？」農夫放下沉甸甸的柴草，舒心地擦著汗水說：「快樂很簡單，放下就是快樂呀！」

富翁恍然大悟：是啊，自己背著沉重的珠寶，既怕人偷又怕人搶，還怕被人謀財害命，整天提心吊膽，快樂從何而來？於是，富翁放下財寶，並用它接濟當地的窮人。從此，富翁不再擔驚受怕，憂心忡忡，反而因為幫助了窮人，得到了窮人的感激和愛戴而快樂起來。

人生其實就是要生活得很幸福，不一定有輝煌，不一定有地位，卻一定要有「放下」的智慧，讓心靈釋荷。放下曾經的輝煌，昔日的苦難，放下對舊日戀情的回憶，卸下身上所有束縛我們前行的包袱，人生最大的幸福就是輕鬆前行。

放下壓力，活得輕鬆；放下煩惱，活得幸福；放下自卑，活得自信；放下懶惰，活得充實；放下消極，活得成功；放下抱怨，活得舒坦；放下猶豫，活得瀟灑；放下狹隘，活得自在……

「放下就是快樂」是一劑靈丹妙藥，對每個人都適用。放下，是一種生活的智慧，是一門心靈的學問。快樂與不快樂，就看你是否學會了放下。

學會放下，讓心靈釋荷

人生萬象，快樂無處不在，事情辦好是快樂；辦不好，能汲取經驗，也是一種快樂。身體勞累時，休息就是一種快樂，心靈疲憊時，和朋友傾訴就是一種快樂。

我們要努力學會放下，才能使心靈釋荷，身軀輕盈，才能找回真實、簡單、輕鬆、快樂的自我；才能夠騰出手來，抓住真正屬於自己的快樂和幸福！

有一個人覺得生活每天不堪重負，沒有絲毫的快樂可言。於是，他去請教一位德高望重的哲人。哲人把一只竹簍放在他的肩上說：「你背著它上路吧，每走一步都要從路邊撿一塊石頭放在裡面，看看是什麼感受。」那個人雖然大惑不解，可還是按哲人說的去辦了。剛走了幾百步，他就感到背負太重受不了了，因為竹簍裡已經裝滿了沉重的石頭。

「知道你每天為什麼不快樂嗎？因為你背負的東西太沉重了，它已經把你的快樂壓抑殆盡了。」哲人從竹簍裡一塊一塊地取著石頭說：「這塊是功名，這塊是利祿，這塊是小肚雞腸，這塊是斤斤計較……」當大半簍石頭被扔掉後，那個人背起竹簍走起路來感到從未有過的輕鬆。

生活原本是有許多快樂的，只是因自己常常自生煩惱而空添了許多愁。努力地追逐著快樂，卻又把不該看重的事情看得太重，總想放下些什麼卻總也放不下。每日在塵世穿梭忙碌，忙著經營自己的世界，可是到頭來卻一點也感覺不到快樂。

其實，快樂是簡單的，放下就是快樂。坦然面對不快樂的事，放開工作生活中的瑣事，不再糾纏一些恩怨情愁，不再為自己增加無謂的煩惱。想開了，放下了，長久的苦悶和煩惱、失落和渺茫頓時就會煙消雲散了，剎那間就會有莫名的輕鬆，如釋重負。走出困境，一切是那麼的輕鬆美好。

若總是把不如意的事記在心裡，談何快樂？沉醉於對名利的追求、對金錢的角逐中，何談快樂？成天陷入對利益的爭奪中，為了一丁點利益，就與昔日的好友反目成仇，快樂何來？成天心事重重，陰霾不散，拿不起，放不下，快樂又何在？小肚雞腸，心胸如豆，鼠目寸光，疑心重重，快樂又何處去尋？要快樂，就要看得開，放得下。

生活就像一只竹簍，我們之所以感到背負沉重，感到生活不快樂，其實是作繭自縛，自己給自己增加了功名利祿的重負，只要將這些自尋的負擔統統拋棄、放下，快樂就會縈繞在你的生活中了。

智慧品人生

放下是一種感悟，更是一種心靈的自由。「放下就是快樂」是頓悟之後的豁然開朗，重負頓釋的輕鬆，雲開霧散後的陽光燦爛。只要你心無掛牽，什麼都看得開、放得下；只要你懂得珍惜現在，多些成熟，少些煩惱，多點深思熟慮，少點後悔遺憾；只要你在人生的追求中能多一份淡泊，少一份名利，多一份真情，少一份世俗；只要你拋棄一些塵世的煩擾，留一份寬闊的空間給心靈安個家；只要你放下你該放的東西，你便會擁有快樂的人生！

3・簡單即是快樂

人活在這個世界上，最重要的是什麼？是錢，是事業？都不是，是快樂！

化繁為簡，快樂至上

這個世界，已經很少有人發自內心地去感受快樂，隨時飛揚在嘴角的笑容只是為了掩飾自己錯綜複雜、千變萬化的內心而已。

其實，世界原本很簡單，只是人心會隨時變得很複雜。「人」字只有簡單的一撇一捺，可就是這簡單兩筆書寫的人，卻又衍生出形形色色的人，如好人、壞人、善人、惡人，等等，構成了人的複雜。

人生本也簡單，就是從生到死兩個字。可這生與死的過程裡，經歷過風雨飄搖，體驗著世態的炎涼冷暖，這又讓簡單的人生變得變幻莫測，有著未知的、不可理解的複雜。

智者的簡單，並非貧乏或者貧窮，而是繁華過後的淡泊，是去繁就簡的境界。他們在物質生活和人際交往上，控制自己的欲望，盡量追求簡單。精神追求上，卻恰恰相反。一個在物質和世俗關係方面追求很少的人，才可能用更多的時間去擁有精神世界的多姿多采，才能擁有快樂。

人，一複雜了就變得痛苦；人，一簡單了就變得快樂。可是複雜痛苦的人卻如此之多而不可數，讓自己真正簡單快樂的人卻如此之少。利益的誘惑、名利的渴求、私欲的膨脹，使我們在行走之中，時時要小心翼翼並提防著一切；人與人之間的爾虞我詐、鉤心鬥角、猜忌誤會，有形無形中出現的傷害，使我們在提心吊膽中時時給自己套上一層虛偽的外套，塗上一層厚厚的保護色，故作城府與世故，不輕易回歸真實的自己，還原自我的本色。

其實，對於每一個人來說，快樂並非遙不可及。在許多時候，快樂可能就在你的眼前，在你的腳下，在你的身旁，在你的心上。簡單、放下、知足、做自己喜歡做的事，等等，都可能成為人們快樂的源泉。

化繁為簡，及時放下，才能快樂至上，只要你心無牽掛，對什麼都看得開、放得下，那麼，快樂的白雲就會在你的頭上飄蕩，快樂的鮮花就會在你的身旁綻放，快樂的春鶯和泉溪就會在你的耳邊啼鳴和歌唱。

複雜，是生命之中永遠灰色的心情。

簡單，是人生景致中最美麗的姿態。

因為簡單，所以快樂

生活雖然需要經營，但挖空心思、處心積慮地經營最終只會落得個「機關算盡太聰明，反誤了卿卿性命」。要想過得快樂，那就選擇簡單的生活，人無以應對紛繁的世界，唯一可以把握的是自己的選擇。

有這樣一則廣告語：把簡單的東西複雜化——太累，把複雜的東西簡單化——貢獻。簡單不意味著人性就單純、幼稚、無知，相反卻是一種超凡脫俗的大智若愚，就算身處紛亂複雜之境，也能體驗到「眾人皆醉我獨醒」的那份灑脫與淡然。複雜不意味著其人就高深莫測，相反卻讓人感覺雲裡霧裡、模棱兩可，以如此複雜的姿態存在，想想，於人於己都是一種累。

思想簡單者才是最快樂的，「傻人有傻福」就是這個意思。禪的最高境界，其實就是一個「淡」字。淡者，即淡然、簡單也。世事用簡單的眼光去對待，懷淡然的心態去把握，更多了一份美麗與快樂，如此之收穫何樂而不為呢？

因為忙所以亂，因為亂所以煩。因為想得少，所以簡單，因為簡單，所以才會快樂！擁有快樂人生，就要「一切從簡」。

智慧品人生

簡單即快樂，這是一個等式，因為簡單使人寧靜，寧靜使人快樂。

一個心中有堅定信念的人，一個有明確人生目標的人，會心無旁騖，將可能引起憂思苦惱的事物丟棄掉，不讓它干擾自己的身心和腳步，讓自己在生活中快樂地向前走。要想獲得快樂，就不能背負太多無用的東西，要學會清理和放棄。

4・笑看人生的輸贏得失

> 不要感嘆自己缺少什麼，能夠放下自己手裡擁有的東西的人，才是一個真正有智慧的人。
>
> ——耶克・米帖脫斯

輸贏只是暫時，並非永恆

忙忙碌碌的現實生活，人們時常被名利所擾、被輸贏所困、被怒氣所傷，雖然心裡都有「健康第一，快樂至上」的信念，但捨本逐末的行為還是時常發生。

古人云：「以恕己之心恕人，以責人之心責己。」但今天能解其味並身體力行的人可謂鳳毛麟角。每當遇到「不平事」時，要麼大動肝火，要麼心生悶氣，不僅惹得雞犬不寧，還扭曲了自己的心態，終日在「是可忍孰不可忍」的悲憤中蹣跚行走。

其實，生命中的「擁有」是很平常的，而「失去」也是正常的。如果緊緊抓住失去不放，永遠也不會得到。放下失敗，抓住成功，就可以讓生命重放光彩。而這一切，需要你有一顆淡泊名利得失、笑看輸贏成敗的平常心。

一個能夠笑看輸贏的人，做人懂得變通，懂得如何「靈活走位」，每做一件事，都會盡力，結果縱然不盡如人意，也不會怨天尤人。成敗又有何關係呢？此處不留人，自有留人處。更何況人生的輸贏，不是一時的榮辱所能決定的，今天贏了，不等於永遠贏了；今天輸了，只是暫時還沒贏，不代表以後就不能贏。

一個能夠笑看輸贏的人，會樂意去幫助他人，不求名、不求利、不求回報。他知道從內心裡獻出去的東西，依舊會從內心裡產生出來。他自己就像一家能源工廠，生產力很高，永遠能提供給自己最大的能量。

成事在天，心態決定輸贏得失

得與失在我們心中只有一線之隔。當你意以為得，就是得意；意以為失，就是失意。能夠悟透得失的人，才會有快樂的人生。

意以為失時，拒斥財富、拒斥健康、拒斥快樂，使人愁上加愁，苦中添苦；而意以為得時，身體能迸發出驚人的使人奮進的力量，它能創造財富，創造健康，創造成功，消除煩惱，收穫快樂，並且讓你的人生充滿輝煌。

一個能夠笑看輸贏得失的人，乃胸懷寬廣者，乃淡泊名利者，更是個智者，他們深信通過自己並利用自己的潛能足以實現夢想，他們認為積極美好的心態是做事成功的精神食糧。

一個在生活中能笑看輸贏得失的人，絕對不是一個只注重最終勝負結果的人。他們看重的是奮鬥的過程，「得」是勞作的結果，無論勞心勞力，「得」都是心願的實施，了卻了心願。

讓我們改變思考的重心，試著去想美好的東西，就能讓你坦然面對輸贏得失，使自己快樂起來，不是抱怨你的學習成績好壞，你的薪水多少，而是感激你能擁有這個學習、工作的機會；不是期望你能去夏威夷、斐濟群島度假，而是想到在你家附近遊玩也會有樂趣。

太多的欲望是人生的一杯苦酒，人生不必背負太重的責任，只要向著陽光，陰影就留在你背後；人生沒有過不去的坎，最優秀的人就是你自己，讓樂觀主宰你一生。

智慧品人生

笑看人生中的輸贏得失，坦然享受快樂，不是得到的多，而是計較的少。俗話說：「你得其利，就得承受負面之弊。」人不可能得到了你想要的，就永遠不會失去。

你真正能得到的只有人間的親情和真情，至於權力、金錢、財富都不是永遠屬於你的，它們總有一天會失去。不管每件事有多少有形或無形的枷鎖，無論是在什麼樣的條件下，只要精神、意志是平和的、平淡的，只要你勇敢地面對事實，用樂觀向上的心態在充實自由的世界裡馳騁、翱翔，那麼收穫才會多於損失，開心才會大於煩惱，生命才會擁有真正的快樂。

5・捨「小」顧「大」，放下的哲學

在生活中或工作中，我們最容易犯的錯誤之一，就是抓住了什麼就不願意鬆手。這樣導致的結果，往往就是無法繼續成長、超越，導致因小失大、後退乃至更嚴重的錯誤產生。

見小利則大事不成

種種現實的不如意永遠都只是短暫的，身處困境時，採取積極主動的態度，審時度勢，放下小利，能為自己爭得更多、更好的生存和發展空間。輕鬆愉快地過好每一天，讓自己的事業和家庭更快地發展和得到更圓滿的幸福，也能換來更廣闊的人生天地。

不要總是緊握你的雙手，不要總是把你的杯子裡裝滿水，只有倒出杯子中的水，才可以裝進新的水，更不至於讓原來杯子中的水發臭。不要害怕鬆手，有時鬆開的手比握緊的手擁有更多！過於看重細枝末節，會撿了芝麻，丟了西瓜。一定要因事而異，有時，不捨得放棄，往往會因小失大。

從前，晉國想攻打小國虢，而進攻虢必須經過虞國。因此，晉王乃贈給虞王很多寶物與駿馬，要求虞王讓晉國軍隊通過虞國，使他們能順利攻打虢國。虞國有一位大臣極力反對借路給晉國。他說：「我國與虢國關係十分密切，如果借路給晉國，那麼虢國滅亡之時也將是我國滅亡之日。請陛下立刻拒絕他們的禮物。」

但是，看著眼前耀眼的寶石和美麗的駿馬，虞王早已心花怒放，對大臣的忠告一句也聽不進去，馬上下旨借道給晉國。而結果正如大臣所說，晉軍在滅了虢之後，回程便攻破虞國，得到了更多的寶石和駿馬。

貪心的虞王為眼前小利在該捨時不捨，該放時不放，因小失大，落入亡國的悔恨中，一生再無快樂可言。

捨小見大，放下才能超越

在人生中，必要的放棄不是失敗，而是智慧；必要的放棄不是削減，而是昇華。可是，生活中有太多不會放棄的人，總給自己背上很多愚蠢的負擔。那些式樣過時、穿上去使你感覺很不舒服的舊衣服，寧肯讓其占據著本就擁擠的空間，還要時常收拾整理，也不扔掉；那些看一次彆扭一次的舊照片，寧肯讓其日積月累地收藏在相本裡，也沒有想過把它們銷毀；很多從來也用不上、沒什麼紀念意義的東西，更是占據著有形的或無形的空間。

在人們的職業生涯中，這種現象也體現得淋漓盡致。很多時候，不懂得放棄的人，其實是內心有錯誤的貪婪思想——我全都要！結果事與願違。想要的得不到，不要的全來了。未得到的是好的，得到的是壞的。人們貪多求全，想面面俱到，不及時放棄，最終吃了大虧。

歌唱家帕華洛帝說：「選擇和放棄是一件痛苦的事情，但卻是成功的前提。」的確，在選擇擁有和放棄之間，人往往難以作出決定。但是你千萬不要因此而逃避選擇，害怕放棄。因為無論成功也罷，失敗也罷，都需要鬆手放下。不懂得放棄的人，往往會因小失大。

在人生的道路上你應該永遠向前看，並且不要背負沉重的包袱，身後的腳步就讓它留在身後吧，前進才是你應該選取的人生態度。人在行走的途中所經歷過的種種，既有可能成為你前進的動力，也有可能成為你前進的絆腳石，這完全取決於你的選擇。

鬆開手，放下小，敢於重新再來，才能超越自我，迎來人生最大的大。

智慧品人生

捨與得的道理雖然淺顯，能夠取捨自如者卻很少。太多的名利、愛恨、得失、貧富、榮辱困擾著我們的心，讓我們對生命過程中倏然而逝、虛無縹緲的各種假象緊緊抓住不放。

我們應當怎樣放下呢？放下就要能「捨」。捨後面還有一個字——得。也許我們每一個人都應該嘗試放下的心態，學會放下。正如古人所說：「捨得，小捨就小得，大捨就大得，不捨就不得。」

6．寬廣胸襟，無憂也無惱

法國文學大師雨果說過：「世界上最寬闊的是海洋，比海洋寬闊的是天空，比天空更寬闊的是人的胸懷。」擁有寬闊胸懷的人，能「記人之善，忘人之過」，包容人世間所有的喜怒哀樂、酸甜苦辣。有了這樣的胸襟，人豈難快活一世？

心寬快樂自相隨

大千世界處處有美麗，處處有快樂：涓涓的溪流、風中的綠葉、黃昏的彩霞、舒卷的白雲，飄灑的雪花……造物主給了大自然快樂的種子，也在每個人出生時的心中種下一顆快樂的種子，如果一味埋怨生活，只會煮熟這顆種子，換一種心境，種子才會發芽。

要讓心中的這顆快樂種子發芽，就要我們經常給它澆水施肥，而在所有肥料中，最重要的就是「寬容」。寬容是什麼？寬容是豁達人擁有的胸懷，寬容是知心人給予的理解，寬容是睿智人持有的忍耐，寬容是快樂人所獨有的心態。就像這句話：「一隻腳踩扁了紫羅蘭，它卻把香味留在那腳上，這就是寬容。」

一天晚上，老禪師在禪院裡散步，突見牆角那有一張椅子，他知道有和尚違犯寺規越牆出去溜達了。但是老禪師並未聲張，走到牆邊，移開椅子，就地而蹲。少頃，果真有一小和尚翻牆而歸，黑暗中踩著老禪師的背脊跳進了院子。

當他雙腳著地時，才發覺剛才踏的不是椅子，而是自己的師傅。小和尚頓時驚慌失措，張口結舌。但出乎小和尚意料的是，師傅並沒有厲聲責備他，只是以平靜的語調說：「夜深天涼，快去多穿一件衣服。」

老禪師寬容了他的弟子。因為他知道，寬容是無聲的教育，有時寬容引起的道德震動比懲罰更強烈。寬容別人，也就是寬容自己，遠離憂愁煩惱，讓快樂如影隨形。假如他批評小和尚，首先禪師不會快樂，再者小和尚不會快樂。假如小和尚有叛逆心態，那麼老禪師的批評就會起不好的作用。而寬容弟子，自己及弟子心中原有的快樂也會有所昇華，何樂而不為？

如果世上沒有了寬恕，生命將被永無止境的仇恨和報復控制。寬容精神是一切事物中最偉大的。愈是睿智的人，愈有寬廣的胸襟，待人愈寬容。忍住怒氣，寬容別人，這個過程雖然很痛苦，但它的結果是甜蜜的。不會寬容別人的人，也難得別人寬容，但誰能說自己不需要寬容呢？唯寬可以容人，唯厚可以載物。

學會寬容，世界會變得更加廣闊；忘卻計較，人生才會永遠快樂。生活像一片汪洋，寬容是扁舟，泛舟於汪洋之上，才知海的寬闊；生活像一座山峰，寬容是小徑，循徑而上，才知山的高大和巍峨。

人如果選擇了計較，那麼他將在黑暗中度過餘生；而一個人選擇了寬容的話，那麼他將能把陽光灑向大地，樂人樂己。生活像一杯咖啡，寬容是奶糖，兩者融合，才能讓人知道苦中的芳香與甜美。

快樂「寬容」來作主

天空收容每一片雲彩，不論其美醜，所以天空廣闊無邊；高山收容每一塊岩石，不論其大小，所以高山雄偉無比；大海收容每一朵浪花，不論其清濁，所以大海浩瀚無涯。

世間萬物中，大海之所以能成其大，就在於它有著無人能敵的雄偉氣魄，有著包容萬物的寬廣胸襟和細膩體貼的心。大海傳遞給我們最多的就是包容。「海納百川」是多麼宏大的氣魄啊！那一片或深邃或透明的藍承載了太多的東西，大海的包容成就了它的遼闊和富饒！人不也應該如此嗎？想要成就不平凡的一生，沒有一顆寬大仁厚的心怎麼行？心若寬如大海，其偉業必也壯如大海，其樂必也久如岩石。

日常生活中也需要以「寬容」來添加更多的快樂。夫妻之間如果沒有寬容，凡事斤斤計較，婚姻中會戰事不斷，亮起紅燈。雙方多一些寬容，多一些體貼，多設身處地為對方想一想，妻子諒解老公因正常人際交往的晚歸，丈夫理解妻子因工作疲勞偶爾的懶散，矛盾就會在寬容的陽光下冰釋雪化。因為寬容，妳是丈夫喜愛的賢慧妻子；因為寬容，你是妻子愛戀的模範丈夫；因為寬容，你是愛人眼裡最美的情人。

孩子也需要父母的寬容。寬容子女偶爾一次考試失誤，放縱孩子偶爾一次玩個痛快，比「恨鐵不成鋼」的責罵更有催人向上的鞭策力。父母對孩子多一些寬容，多一些理解，能使你成為子女欽佩的最可親可敬的父母。

同事朋友間更需要寬容。俄國作家屠格涅夫說過：「生活過，而不會寬容別人的人，是不配受到別人的寬容的。」但是誰能說自己是不需要寬容的呢？」同事朋友間相處，難免有矛盾、有爭執，這就需要相互寬容、諒解，需要有海納百川的胸懷。

處處寬容別人，絕不是軟弱，絕不是面對現實的無可奈何。寬容，是人生的一種哲學。缺少了寬容，也就沒有了快樂，人生也就失去了意義。一個寬容的人，必然也是一個快樂的人！

智慧品人生

寬容是一種風度，一種灑脫，一種成熟。

海納百川，有容乃大。放開心胸，能看透世事。虛懷若谷，以平和的心態看問題，把自己的思想上升到一定的高度，做到無畏無為，開闊自己的眼界，豐富自己的內涵。擁有寬闊的胸懷，才能擁有快樂的人生！

第六章
競爭職場，智慧生涯——愈放下路愈寬

放下身價，讓自己回歸「自然」，你才可望得更遠！

身在職場，猶如逆水行舟，不進則退。放下那學歷、背景、身分、地位的包袱吧，讓自己回歸到普通人的行列中來，別在乎別人的目光和議論，大膽地從基層做起，從基礎工作做起，這樣，就業之路才會愈走愈寬，愈走愈順暢！

1．與對手過招，「放」為上

社會就是一個大競技場，每天都要與形形色色的人過招。人生好像登山，如何才能又快又輕鬆地登到山頂，只有一個辦法，帶少而有用的東西。要想攀得更高，就應該放下那些無用的東西。背著包袱走路，是很辛苦的。

放下吧，以退為進

俗話說：「人在江湖，身不由己。」而當今社會的人是「人在職場，身不由己」。職場的重要陣地——辦公室，其實就是一個麻雀雖小、五臟俱全的江湖。是江湖就免不了是非，要少惹是非你就得控制自己的行為。

但是，你能控制住自己，卻控制不了別人；你對別人友善，別人未必對你友善。有辦公室政治，自然就有辦公室敵人。當出現顯而易見的敵對情況時，你一定要馬上想辦法化解，盡量不要與他人起正面衝突。

當一些諸如嫉妒、貪婪、自私等種種的負面情緒蔓延到辦公室裡的時候，也不要驚訝。我們開宗明義地強調與人為善、互助進步的觀念，但是「辦公室敵人」的出現是不可避免的。你和周圍的人總是互相影響，互相制衡，衝破了這張網，破壞了運動的平衡，對誰都沒有好處。所以，職場上不到萬不得已，千萬不要與人正面起衝突。

即使是對手再咄咄逼人，你也要保持冷靜，遇事不亂，理智又沉著地應付對手的攻擊。表面上看起來你似乎軟弱可欺，但實際上這是以退為進。對手的挑釁、尖刻，反而會襯托出你的大度。在職場中，放下不是沒有鬥志的表現，而是為了更好地突擊。

有一個馬夫非常喜歡喝酒，於是，就偷偷地把用來餵馬的大麥賣掉換了酒錢。但他還要靠馬來拉車掙錢，於是他仍然每天用水給馬擦洗，還一邊用梳子為馬梳理鬃毛，一邊在馬的耳邊說：「馬兒啊馬兒，我對你這麼好，你可不要讓我失望，一定要用力地拉車啊！」馬兒餓著肚子，無奈地聽著，心想：如果你真心對我好，就不要把大麥賣掉！

表面上看起來，馬夫每天又是洗又是梳的，對馬可謂是百般照顧了。其實不然，稍加分析就會明白，梳梳洗洗的表面功夫怎麼及得上讓馬兒飽飽地吃上一頓來得實在呢？

在職場中有不少類似於馬夫這樣說一套做一套的人，他們沒事的時候甜言蜜語，和你嘻嘻哈哈好像關係很好，你拿他當朋友，等你真的需要幫助時，他們卻推三阻四，完全忘了當時的承諾。

自己的利益只有自己才可以維護，不能為我所用的話，就一笑而過，別放在心上；別人說的話再好聽，也不要被它蒙蔽了心智，沖昏了頭腦；別人說的再難聽，也要冷靜下來想想，有沒有道理，有道理的就接受，不用費神去揣測對方的動機，他說什麼你都要先過濾一下，看看有沒有什麼可供借鑑、學習的。對方怎麼想不重要，重要的是你怎麼做，做對了，壞事也可以變成好事。

職場競爭不僅需要高智商，也需要適度的情商。懂得放下不是一件簡單的事，需要足夠的智慧跟勇氣。假如能學會取捨，學會輕裝上陣，學會善待自己，凡事不跟自己較勁，甚至學會傾訴、發洩、釋放，人還會被生活壓垮嗎？

古人行軍打仗尚且懂得以退為進，有時退一步就能海闊天空。放下不代表停滯不前，以退為進，競爭之路才會愈走愈寬，愈走愈順。

放下吧，那不屬於你

在生活中總是可以碰到一些人，他們不善於察言觀色，卻偏偏在官場上尋愁覓恨，眼看著別人一個個跑到了自己的前頭，徒歎命運不公卻不甘失敗；有些人根本就記不清流水賬，卻哭著鬧著往商海裡跳，生意做得一塌糊塗，口中卻仍念著「天將降大任於斯人也」。

世界上沒有任何一件事情是完全的、絕對的，人生並不是什麼時候都需要毅力和堅持，毅力和堅持只在正確的方向下才會有用。在必敗的領域，毅力和堅持只會讓人南轅北轍，輸得更慘。

大多數情況下，人更需要的是分辨方向的智慧。不適合做官的，可以去做生意，不適合做生意的，可以去做學問。該放棄的就放棄，要記得「天生我材必有用」。

有些人明知道有些東西並不屬於自己，或者根本也不適合自己，明知道有些東西是不可改變的，但還是不能放下，非要事情做出改變，而不是嘗試改變自己；成功者與失敗者的最大不同，可能就是成功者知道自己的優勢，因此，他們只參加有利於自己的競爭；而失敗者則相反，他們往往十分賣力地把自己逼進死胡同，然後，等到年老的時候才後悔，自己當初為什麼不試著換另一種選擇。

某寺廟的門上寫著「看透、放下、自在、隨緣」八個字，人生在世，有太多的東西看不透，放不下，佛家講的是一切隨緣，是你的就是你的，不是你的再怎麼努力也沒用。

人不應該和自己過不去，總是去追求自己得不到的東西，反而會把自己弄得滿身是傷。放下吧，那不是屬於自己的，多給自己一些選擇的機會。人生沒有唯一，不會放棄的人就會離快樂很遠。人不應該在得不到的夢想和失望中死去，而是要在快樂和滿足中退出人生的舞台。

智慧品人生

放下不是懦弱，而是一種聰明的處世方法。在這個世界上改變別人難，改變自己也難，但是改變不了別人不如改變自己。聰明的人懂得變通，好漢不吃眼前虧。試著多作一些選擇，成功的道路不是只有一種。

2・弦緊弓斷，學會放下

事物發展到極點，就會向相反的方向轉化，正所謂「物極必反」。因此，人們在為人處世的時候千萬要把握好分寸，切不可過度。過度則質變，物極必反，樂極生悲。

只有停下，才有時間去思考明天

每個人自來到世上的第一天起，便不停地追逐著一個又一個的目標。從牙牙學語到蹣跚學步，從懵懵懂懂到對宇宙奧祕的好奇與探求，轉眼間從兒童變為少年，從少年長成了成年。然後，面對眼前一系列的「生存」問題，我們給自己設定了一個又一個目標，每當到達一個目標，下一個目標又出現了。滿足了這方面的欲求，那方面還未如意，繼續追逐。

就這樣，在不知不覺中令自己陷入了無休止的逐利和物質享受之中，慢慢忘記了自己在宇宙中的角色，忘記了自己的使命，忘記了自己應盡的職責和義務，真正的人生目標被一個個虛假的目標遮擋殆盡……人生，應當適時地停下來思考一下這麼做的意義是什麼；否則，你只會空忙一場。

美國開發初期發生過這樣一個故事：當時的美國，地廣人稀，地價甚廉，土地的出售是以一人一天所跑的範圍為準。因此，有一個人付了錢就開始拚命奔跑，從清晨到中午，此人絲毫不敢休息，唯恐因鬆懈而損失一些土地。到了黃昏，眼看太陽就要下山，如果跑不回終點就要前功盡棄，因此，他拚命地向前狂奔。

但是，他怎麼也沒想到，當他費盡千辛萬苦跑到他所謂的終點時，人也立即倒地，氣絕身亡。賣主只好將他草草地就地埋葬，最後，所占的也不過只是一棺之地而已。

現在的你是否也正為一些目標在狂奔？那麼，請讓自己學會停下來吧！給自己留一份調整和思考的時間，靜心地問一問自己：我在為何而忙，為何而累？匆匆忙忙的盡頭，將會有什麼樣的風景在等待著我……

如果把人生比做一段路程的話，我們應該有走有停，學會停下，給人生留下思考的時間，才可能走得更遠；放慢速度或停下，看看周圍的風景，感受一下生活中的美好，我們就知道我們忙得多麼有意義，也更能使我們明確前進的方向。弦緊弓斷，物極必反。暫時放下手中的東西，停下來回頭看看，再想想後面的路該怎麼走。

懂得停下是一種智慧，學會停下是一種本領。只有學會停下來，才有可能提高工作效率；只有學會停下來，才會使自己對工作更加富有熱情；只有學會停下來，自己才會有足夠的時間和空間提升自己。別忘了，停下來，後面的路還很長！

學會放下，輕鬆工作

當我們忙得暈頭轉向不知為什麼而忙的時候，心裡就感覺很空，不踏實。就好像一個滑雪的人，如果不知道如何讓自己停下來，或者在必要的時候放慢速度，那麼很可能還沒有到達終點，就已經撞在了石頭或者樹上。

只有我們知道如何讓自己停下來或者減速的時候，我們才能不被「橫衝直撞」的忙碌「撞死」在人生旅途中。

有一名年少輕狂的少年想成為少林寺最出色的弟子。他問大師：「我要多少年才能像你一樣出色？」

大師回答說：「至少也需要十年。」

少年不屑地說：「十年太長了。如果我付出雙倍的努力，那又需要多久呢？」

「如果這樣的話，起碼要二十年。」大師回答。

「如果我夜以繼日地練習呢？」少年懷疑地問道。

大師回答說：「少了三十年是不行的。」

少年灰心了，他不解地問大師：「為什麼我每次說更加努力的時候，你反而告訴我需要更長的時間呢？」大師說：「當你一隻眼睛只顧盯著目標時，那麼，你就只剩下一隻眼睛可以去尋找方向了。」

有時，並不是時間抓得愈緊，過得愈忙愈好。我們在努力工作的時候，常常會掉入一個陷阱，為了把工作做好，往往拚命再拚命，不能自控，最終將身體搞垮，精神匱乏。

這種拚命的精神看起來是時間的節約，其實，過多的消耗，必然會導致其他方面的缺失。比如，思考的缺乏！一個整天忙於工作的人，冷靜思考的時間是不夠的。過於忙碌的時候，必然要反思自己，是什麼原因讓自己如此忙碌，細想之，顯然和自己的工作方式與工作方法有關。一個過度忙碌的人，是難以照顧自己生活的，更是難以照顧自己家庭的，如果因忙碌而放棄與親人的相處，那是極大的損失，也是生命的缺陷。

而且，只顧著朝目標奔去，反而會減緩成功的步伐，甚至與成功的距離愈來愈遠。心理學中有個「瓦倫達效應」，是說美國一個叫瓦倫達的高空走鋼索的表演者，他在一次重大表演之前，不停地向妻子說：「這次太重要了，千萬不能失敗。」結果，瓦倫達竟然就在那次重大表演中失足身亡。

放鬆一點，成功的路上，失敗一次也沒什麼大不了，放下心中的迷惑，放下心中的不滿足，輕輕鬆鬆地對待自己的工作。現代社會總是有太多的人背著沉重的包袱與人競爭，這些包袱壓得自己無法放鬆下來，結果，學習累，工作煩，生活痛苦。放下這些不必要的包袱，才會活得愉快，工作得輕鬆。

智慧品人生

今天的放下，是為了明天的得到。成大事者不會計較一時的得失，他們都知道放下，如何放下，放下些什麼。你不可能得到所有，漫漫人生路，只有學會放下，才能輕裝前進，才能不斷有所收穫。一個人倘若將一生的所得都背負在身，那麼縱使他有一副鋼筋鐵骨，也會被壓倒在地。不要以為弦繃得愈緊箭會射得愈遠，弓都斷掉了，箭怎麼還能射得出去呢？

3．執著未必是好事

理智的人總是集中精力致力於他們計畫的成功之事上。當事情不能實現的時候，他們會隨機應變。他們學會了在挫折中容忍，學會了在成長中學習和在適應環境中抓住機會。他們支配環境，而不是由環境支配他們。

放下執著，自由人生

當今的社會競爭日益激烈，都市人需要面對各方面的壓力。有的中青年白領，常常是職位愈高，精神壓力就愈大。快節奏、高強度的緊張生活已經使部分青壯年出現隱性更年期的症狀，並產生各種各樣的心理問題。

要想使自己精力充沛，就要克制、克服、壓制自己的欲望。心太累的話就先放下來，有時候執著未必就是好事。

一位智者講道前手裡拿著一個盛著一些水的杯子。他舉起杯子，讓所有的求道者都看到，然後問道：「你們猜猜看，這個杯子的重量是多少？」

「五十克！」「一百克！」「一百二十五克！」……求道者們回答。

這時智者說：「現在，我的問題是：如果我把它像這樣舉幾分鐘，會發生什麼事情呢？」

「什麼事情都不會發生。」一個學生回答。

「好吧。那麼，舉一個小時會發生什麼事情呢？」

「你的手臂會疼痛起來的。」又有一個商人回答。

「你說得對。如果我把它舉一天會怎麼樣呢？」

「你的手臂會變得麻木，很可能會受傷，最後肯定得去醫院。」一個農民認真地回答，這時大家都笑了。

「很好。不過，在這期間水杯的重量發生改變了嗎？」智者又問道。

「沒有呀。」大家一起回答。

「那麼是什麼使手臂疼痛，肌肉拉傷的呢？」智者停頓了一下又問道，「在我手臂開始疼痛之前，我應該做點什麼呢？」所有人都迷惑了。

「把水杯放下呀！」有個老師說。

「對極了！」智者說，「手痠了，放下就好，對待煩惱，不也是這樣？或許這些煩惱就像是那杯水一樣，是你自己用手把它們給舉起來的。生活中遇到的問題正是如此。我們能很容易地放下有形的重物，卻很難放下無形的重擔。執著的人生會讓自己承擔莫名的重擔，所以學習放下執著就等於在學習人生的自由自在。」

當今社會，想要謀個理想職位不那麼容易，這除了與整個客觀環境有關外，也與許多求職者心態不穩有關，好高鶩遠、自命清高，大事做不好、小事不願做，滿腹牢騷，虛度了許多好時光。

無論是碩士、博士，如不能在工作中體現你的知識和技能，一切都毫無意義，而工作是檢驗一個人價值、能力、作用的最好場所，與其在家抱怨，作無謂掙扎，不如放下架子，從小事做起，循序漸進，為自己日後的成長打下堅實基礎，為謀求更大的發展際遇增添機會。

放下學歷、背景、身分、地位的包袱吧，沒有什麼大不了的，不要太執著於你夢想中的東西，試著去應對可能遇到的任何機遇與挑戰，或許會發生一些讓你意想不到的事情。

人生需要思考，生活並不需要那麼些無謂的執著，沒有什麼真的不能割捨，放棄了，更容易生活，更容易快樂。

不要太執著，換條路走

不要硬逼著自己去執著於某一個目標，如果成功不了，不妨試著放棄，換條路走走看。有時，放棄也是一種收穫。

有一個在中國金融界工作的人，發誓要考上中國人民銀行總行的研究生。三大部《中國金融史》不知道看了多少遍，可是連考了好幾年都未考中。然而，在這期間不斷有朋友拿一些古錢向他請教，起初他還能細心解釋，不厭其煩。後來，問的人實在太多了，他索性編了一冊《中國歷代錢幣說明》。一是為了鞏固所學的知識，二是為了給朋友提供方便。

但是，他依舊沒有考上研究生。只不過，他的那冊《中國歷代錢幣說明》卻被一位書商看中，第一次就印了一萬冊，而且銷售一空。如今，他已經步入中產階級的行列，他的成功與一個研究生相比又差了多少呢？

在工作和生活中，我們都應該朝著自己既定的目標奮力拼搏，但是因為各方面的原因，並不是每個人的願望和理想都能實現。那些拼搏一世卻未獲得成功的人，會不會是因為他生命中真正精華的部分被自認為「不是最好的」，而從未得以展示呢？

只要不執著於那件根本不可能的事，成功會在另一個方向等你。

有一位年輕教授名叫李宇明，剛剛結婚，妻子就患了類風濕性關節炎而臥床不起了，生活都無法自理。生下女兒後，妻子的病情又加重了。面對常年臥床的妻子、剛剛降生的女兒、還沒開頭的事業，李宇明矛盾重重。

一天，他突然想到，能不能把自己的研究方向定在對兒童語言的研究上呢？從此，妻子成了最佳合作夥伴，剛出生的女兒則成了最好的研究對象。家裡處處都是小紙片和鉛筆頭，女兒一發音，他們立刻記錄，同時每週一次用錄音機錄下文字難以描摹的聲音。

就這樣堅持了六年，到女兒上學時，他和妻子已成功開創一項世界紀錄：掌握了從出生到六歲之間兒童語言發展的原始資料，而其他國家此項紀錄最長的只到三歲。一九九一年，李宇明的《漢族兒童問句系統控微》的出版，在語言學界引起了震動。如果當初李宇明沒有放下自己的事業，語言學界也就少了一位大師了。

太多的時候，因為放不下不可能完成卻又一直堅持的某個工作，所以只能帶著創傷，無法接受新的經驗；還有的時候，面對更有價值的事物，因為放不下手裡的東西，不能作出新的選擇；時機與條件還沒有到來的時候，我們不知道要暫時放下，卻一味執著；還有的時候，知道自己還不足承擔某事，我們卻要逞強，不能先放下來，讓自己經歷一個成長的過程。

有時候，太執著就變成了固執、迂腐。成功的路徑不只一條，不要太過循規蹈矩，更不要放棄成功的信心，此路不通，那就放棄那條走不下去的路，換條路試試看。

智慧品人生

世界上沒有任何一條路是直的，學會讓執著轉個彎，或許成功會離得更近一些……而且在市場競爭的不斷加劇，利潤空間的無限壓縮下也會遊刃有餘，永遠都會生活得輕輕鬆鬆。

4．放下架子天地寬

擺架子的人只會使自己的就業之路愈走愈窄，因為你擺「架子」，計較「得失」，就等於人為地給自己畫了一個圈，限制了自己的手腳，而別人用起你來也會瞻前顧後、顧慮重重，會將目光投向他處；反之，則會給人一種具有良好團隊意識的印象，同事間的關係也會融洽，別人樂於幫助你，你的發展機會就大得多。

放下架子，路愈走愈寬

擺架子是一種極端不自信的表現，這其實是一種對自我的限制。架子愈大的人，自我認同愈強，自我限制也愈厲害。所以，博士不願意當基層業務員，高級主管不願意主動去找下級職員，知識分子不願意去做不能用上所學知識的工作……因為他們認為，如果那樣做，會有損他們的身分！殊不知，放不下架子，只會讓機會白白從自己身邊溜走。

許多人不肯做一些工作，就是因為放不下架子，覺得這樣是受屈辱。其實，放下架子並不是屈服，而是為自己另尋一個生機。古時，司馬相如、卓文君為了守護愛情放下架子，開小吃店維持生計；范蠡帶著西施隱姓埋名，放下架子從商，而成為富甲一方的陶朱公；越王勾踐放下架子服侍吳王夫差，終於復國……

有一則這樣的故事：一個千金小姐隨著婢女逃難，乾糧吃盡後，婢女要小姐一起去乞討，千金小姐說：「我可是個千金小姐！怎麼能去乞討呢？」小姐說完便不再理會婢女，結果，千金小姐被餓死，而婢女卻擁有了一次重生的機會。

「架子」只會讓人生之路愈走愈窄，這並不是說有「架子」的人就不能有得意的人生，但在非常時刻，如果還放不下架子，只會讓自己無路可走。比如，博士如果找不到工作，又不願意當業務員，結果便會因此而產生消極厭世的情緒，終成不了什麼大事。而如果能放下架子，那麼路就會愈走愈寬，因為路都是靠自己走出來的！

當今社會高材生比比皆是，大批有學歷的人照樣失業，找不到工作。如果他們能放得下架子，善待每一次良好的時機，從基層做起，總會有發光的那一刻的到來。因為，人生有一萬種可能，誰都不知道下一種可能是什麼。只要你放下了架子，一步一步地堅定地走下去，那麼，你就能愈走愈遠。

放下架子，做好官

時下，由於「官本位」等封建思想的侵蝕，個別政府官員淡忘了做人民公僕的本質要求，養成了做官當「老爺」的惡習，群眾私下形容他們「官不大，架子不小」、「水準不高，架子倒端得挺足」。政府官員和人民之間出現了這樣不和諧的關係，事業想要發展根本是無稽之談。

「架子」像一把無形的利劍，橫在政府官員和人民之間，即使是面對面，心卻隔得很遙遠。一個官員，能力有大小之分，但是最終能否造福社會、有所作為，和有無「架子」關係不大。

可以說，凡是得到群眾認可、成就一番事業的，都是沒有「官架子」的人。沒有架子，才能廣納真言。你與群眾交朋友，態度誠懇隨和、熱情謙虛，不拿腔拿調嚇唬人，言談舉止群眾接受得了，群眾就敢和你說真話、吐真言。因為他們知道，即使自己不小心說了幾句「過頭」的話，你也不會「秋後算賬」。

「放下架子，甘當小學生」，這是前輩們留下的優良傳統。放下架子，才能瞭解到真相。你把自己看做一個普通人，讓群眾感覺和你在一起，沒有貴賤之分，喜歡和你話家常，有什麼話都想和你說說。這樣一來，何愁不解民意呢！和群眾打成一片，並不會因此而有失自己高貴的身分，反而會提高自己的身分。

臧克家在紀念魯迅的詩中寫道：「俯下身子給人民當牛馬的人，人民永遠記住他。」此話同樣也能揭示一個好官在老百姓心中架子和威信成反比的關係。放下架子，才能贏得真心。你把百姓當親人，百姓才會把你當親人。與群眾親密無間，情同手足，他們就樂於把心交給你。

智慧品人生

事實證明，真正有才能的人就不會擺架子。朋友們，放下學歷、背景、身分、地位的包袱吧，讓自己回歸到普通人行列中來，別在乎別人的目光和議論，大膽地從基層做起，從基礎工作做起，這樣，就業之路才會愈走愈寬，愈走愈順暢。放下架子，不要給自己設太多的屏障，放下架子，給自己一個和諧的工作環境。

5・無爭才能無禍

與人無爭，才可以親近於人；與物無爭，才可以育撫萬物；與名無爭，名才會自動到來；與利無爭，利才會聚集而來。禍患的到來，全是爭的結果。而無爭，也就會無災禍。

無欲則無爭

有些人在這個世界上活得很累，他們的欲望極大，妄想能夠擁有整個世界。他們忘了，上蒼賜予你欲望的同時也給了你災難，欲望愈大災禍愈多，沒有誰可以逃過此中劫數。

可以說，欲望帶給人們的是煉獄，是困厄，是良善的消滅，也是本惡的激增……有的時候靜下心來想一想，如果沒有了這些欲望，就不會為了名利爭，為了權力爭……

「無爭，不為名利爭」。也許生活在這個世界上，名利能帶給我們許多別人得不到的自豪感、成就感、榮譽感，但與此同時它也讓我們失去了很多人世間最平凡卻又最珍貴的東西，它讓我們作為一個人卻不能以一顆坦誠的心來面對這個世界、面對周圍的人；它讓兩個本來親密無間的人反目成仇；它使得我們最終沒有了友情，沒有了愛。

也許，沒有名利的我們不能名傳千古，不能「白玉為堂金做馬」，但是其實有跟沒有都是相對的，沒有也是一種有。你開心還是不開心，就在於你用什麼角度去看。平靜下來之後想一想，與別人撕破臉皮去爭搶那些生不帶來、死不帶去的名利是否真的值得？

無爭，可以獲得一片純淨如水的心境。現實生活裡沒有太多的應該，只要自己對自己負責。人生不該有太多的抱怨，只要有一顆感恩的心。我們每一個人都是赤條條來到這個世界上的，不用爭，上天已經給了我們很多。我們剛生下來的時候只是個零，每個人在離開的時候也都還是零，又何必爭呢？

人活著就應該有一個健康的心態，有些東西是永遠都無法改變的，曾幾何時，我們虛榮過，幻想過，為狹隘的目標奮鬥過。但是待到重新回頭看待這一切時，覺得很多事情都雲淡風輕了，甚至還會為自己曾經的計較感到不值。

用一顆如止水般的無爭心態來面對生活，你會發現身邊有太多太多值得珍惜的東西。人有時真的很奇怪，往往要等到失去了才懂得珍惜。我們每個人都不知道下一秒會發生什麼事情，不如就在這一時刻把握住生命中能把握的東西。

而且，無爭還能使我們在學會珍惜之後得到人生的快樂。快樂沒有絕對的，只要我們能夠珍惜周圍的人和事，就會發現快樂原來如此簡單。人在一生中會和千萬人相遇，和千萬人相離，在生命中找到一個能夠信任的朋友，就是值得快樂的事。

無論在任何時候，無論我們做什麼事情，無論我們面對怎樣的環境，我們都知道，有這樣一個人，會支持著自己，能夠寬容和分享我們的快樂和悲傷，能夠看見我們的堅強和軟弱，這不也是一種快樂嗎？

無爭則無禍

老子云：「禍莫大於不知足，咎莫大於欲得，故知足之足常足矣。」無欲則無爭，無爭則無禍。「從來清白無遺禍，自古貪爭有後殃」。禍患的到來，全是爭的結果。而無爭，也就無災禍。

兩隻蟋蟀對視著，好像隨時準備撲上去置對方於死地，一場大戰將至。牠們的主人正密切地注視著戰局的發展。這是一個好鬥的主人，他正在挑選明天參賭的蟋蟀。

「咱們能否談談？」蟋蟀甲發出了和平信號。

「有什麼可談的？」蟋蟀乙問。

「你我這樣咬得天昏地暗，非死即傷，人類卻在看我們的笑話。每想至此，我都會悲憤滿腔。」蟋蟀甲說道。

「大哥，此話有理，我們就是不咬，看看人類拿我們怎麼辦！」蟋蟀乙說。

結果，過了好長的時間，主人只是看著兩隻蟋蟀似乎蠢蠢欲動，但卻一直沒有動靜，最後主人實在是不耐煩了就問牠們怎麼不開戰。

蟋蟀甲說：「今天我們兩個在這裡鬥，不管怎麼樣都會有一方受傷，沒受傷的那一隻明天又要去外面鬥，難免還是要受傷，就這樣鬥下去總有一天會死掉，為什麼不在今天就停止爭鬥呢？」

主人聽了蟋蟀的話，自歎連隻蟋蟀都不如，自己整天在外面與人爭鬥，總有一天會引禍上身。於是主人就把這兩隻蟋蟀放了，他自己從此再也沒有出去與人鬥過，老老實實在家讀書習字。主人終於明白禍患的到來，全是爭的結果。而無爭，也就無災禍。

可悲的是，世人總是不能像這兩隻蟋蟀一樣放下爭鬥，相安無事。錢財、名利、權力……這些只是人生的附屬品，生不帶來死不帶去，可有人偏偏為了這些爭得你死我活，落得個淒慘的結局。清朝的和珅爭了一輩子最後卻慘死，生前所爭到的錢財一分也沒帶走，還留下一個千古貪官的名聲。

無爭則無禍，在爭鬥的同時危險也在悄悄滋長。少一點爭鬥，多一份安寧。人生在世還有什麼比生命更重要的呢？此刻還在爭鬥的人們，放棄吧，前車之鑒，不會有好結果的。

智慧品人生

古人云：「無欲則無爭，無爭則無禍。」放下心中所有的貪念，停止正在進行的爭鬥，給自己一份安寧，還世界一個和平。

第七章
自主創業，輸贏自定——愈放下愈成功

一個人只有放下了，才能重新獲得機會。

古人云：「當憂則憂，遇喜則喜。」遇事要拿得起放得下，敢作敢為。不論什麼事，優柔寡斷，「當斷不斷，必受其亂」。要當機立斷，該放下的要堅決放下。真正有大成者，往往是能夠放下的人，因為在放下的同時，你才真正爭取到了機會。

1．放下——成就人生偉業

「放下——成就人生偉業」，也就是說人生最大的幸福是放得下，一個人在處世中，拿得起是一種勇氣，放得下是一種度量，對於成功道路上的鮮花、掌聲，有處世經驗的人大都能夠閑視之，屢經風雨的人更有自知之明。

想成功，就放下

想成功，就放下！對於我們年輕的一代，想要成就事業，必須要有放下的氣魄，這並不是讓我們盲目地去這樣做，有時候我們要擦亮眼睛，分辨清楚哪些該放下哪些放不得，又有哪些東西是絕對不能放下的。其實一件事情，能不能放得下，關鍵在哪裡？不在口裡，不在行動處，而是在心裡。

人生最大的哀愁莫過於在痛苦中回想更痛苦的時光。而人生最大的不幸，並不是你遭遇何種災難，經歷過何種傷痛，而是你抱著苦難的石頭永不放下啊！人應該拿得起放得下，再好的事物也只是生命中一道美麗的風景線，走過了就由它去吧！古往今來，天災人禍，留下過多少傷疤，如果一一記住它們，人類早就失去了生存的興趣和勇氣。

大千世界，任何人不可能一生下來就是一個精英，這就需要有意識地練習。只有有意識地不斷練習，才能不斷總結、不斷進步，否則只會原地踏步，裹足不前。

任何人的生命都是有限的，要想成就偉業就需要瞄準一個目標，這說明立志的重要性。沒有志向的人生就像沒有目的地的航船一樣，只能在漫無邊際的大海轉圈圈，永遠不知到底要駛向何方。

一個人只有立下符合自己的志向，才能把有限生命的能量聚焦在一個點上，把事業之火點燃。不要拿不起放不下，在事業的道路上，我們要會放下，放下了，也就意味著你有一種成功的新思想了。

社會是一個大家庭，人生活在這個家庭中，是社會的一分子。你必須適應社會，與人相處；必須擁有良好的心理素質、審美素質，具備優秀的口語表達能力、書面表達能力、藝術表現能力、自我推銷能力、辨識禁忌能力，等等。具備良好心理素質的人才能冷眼觀世界，笑臉對挫折，適時地學會放下，學會如何放下的思想。

「放下——成就人生偉業」，也要取決於自己的心態。成功與否，就看你是否學會了放下；放下，是一種智慧的力量；放下，是一種至高的學問；放下，是走向成功的必經之路。學會放下，為事業的成功而努力！

學會放下，離成功更近

學會放下，離成功也就更近了。執著於做不到的，反而會帶給我們最想要避免的痛苦。這裡所說的執著是一種褊狹的進取，一種盲目的前進，一種由於太在乎而患得患失的心態。

好比我們不願讓別人覺得我們平庸，不甘心讓競爭對手超過我們，不想讓同事看到我們工作中的失誤，不好意思讓別人察覺到我們個性中的軟弱。所以我們愈努力，反而愈容易不快樂。甚至，我們不能從容享受成功帶來的喜悅。

我們將生命都消耗在緊張焦慮的奮鬥上，消耗在講求速度和打拼的漩渦中，消耗在競爭、爭取、擁有和成就上，永遠以身外的生活和先入為主的偏見讓自己喘不過氣來。

放下，能體現每個人生存的價值，因為每個人都是世界上獨一無二、不可取代的，我們不要羨慕別人，不要在乎別人的眼光，更不要看輕自己。人生就是一個舞台，每個人都是自己舞台上的最佳主角，千萬別只會羨慕仿效你的配角。記住，扮演好自己的角色，因為舞台上最耀眼的人永遠會是你！

懂得適時放下，不但會海闊天空，同時成功的道路也將會更寬廣！失敗很難使人堅持下去，而成功就容易繼續下去。請記住：你無法在天鵝絨上磨利剃刀，而你可以學會放下，它是通向成功的另一個橋梁。

我們往往不能承受並努力躲避必然或者可能遇到的困難挫折、考驗和失敗，因此我們常常感到不安全，感到心中陣陣恐慌。這一切，全是因為我們沒有放下。所以說，放下是通往快樂之路，更是通往成功之路。

讓我們學會放下吧！放下利益的爭奪，放下權力的角逐，放下屈辱與仇恨，放下心中所有難言的負荷，凡是次要的，多餘的，能放下的全放下。放下，會使你獲得恬靜與從容；放下，會使你顯得豁達與豪爽；放下，會使你贏得尊敬與信賴；放下，會使你變得更加精明強幹、更有力量、更能獲得成功！

智慧品人生

放下是「追求成功目標之關鍵」。由卑而尊是成功做人的正向邏輯，欲做尊貴之人，先做卑微之事，放下架子才會更有面子。由低而高是成功處世的方程式。低調做人，高標立世，參與市場競爭，成就偉業，贏得尊敬，獲得處世之哲學和經營藝術。

放下是一種感悟，更是一種心靈的自由。學會放下，隨夢想一起起飛吧，成就偉業，鑄造輝煌。讓我們充滿激情共同譜寫美麗的幸福篇章，讓夢與你同在，讓成功與你同在！

2．放下顧慮，向前、向前

放下顧慮，向前、向前，一切皆有可能。也許，你會等到有一天，陽光灑滿你的世界，那將是永恆的極晝，天再不會黑，而極圈中的寒冷呢？就交給你來驅散吧。

所以從現在開始，你要學會拋開一切顧慮，以一種無畏的精神向前衝！理想會實現，時刻堅信自己！放下包袱，堅定信心，團結一致，敦促自己前進！

拋開顧慮，努力向前

我們只有學會去欣賞自己，才能尋找到自己的方向，才能發現自己的特長，生活也才會因此變得豐富多彩，只要做了自己該做的事，走了自己該走的路，就會擁有想要擁有的東西，這一生就沒有白走一遭。

不要在自己的內心深處為自己的能力設限，當你拋開所有的顧慮和雜念，全力以赴地向前衝去的時候，才能真正地發揮出自己的潛力。請放下所有的顧慮，為自己的理想而努力奮鬥。

「一切放下，一切自在；當下放下，當下自在。」真乃至理名言，肺腑之談，除苦度厄，真實不虛。下面的事例，從一個側面有所體現。

有一個人，他對西藏這塊神祕的土地無限嚮往，讀了好多關於西藏的書，談西藏像談他的家鄉。他早想去西藏一遊，實地考察一下。「想去就去嘛。」朋友對他說。他回答說：「經濟困窘哪。」待他有一定積蓄了，朋友又和他說了同樣的話，他的回答是：「時間不足呀。」有時間了，「家裡離不開呀。」家裡能離開了，「今年氣候不大正常，去那兒恐怕適應不了。」理由總是現成的。

十四五年過去了，他仍常談到想去西藏，並用《為學一首示子姪》裡的蜀僧來自嘲說：「吾不如貧僧也。」語中不無遺憾，正是他有那些顧慮，讓他無法去做自己想做的事情。

回顧往事，我們每個人都有許多該做並能做的事沒做。妨礙我們做這些事的往往不是因為沒條件，而是「放不下」一些什麼，從而造成諸多顧慮。試想一下，我們有時是不是因擺脫不了對往事的顧慮心情而耽擱了去做目前的事？

「顧慮」是典型的「執著」，「放下」了就不會有顧慮。能做就馬上去做，不能做是因緣不湊，何憾之有？在許多時候，考慮得愈多反而愈猶豫不決，被「所知」障礙了去路。認定了一個目標就不要有任何顧慮地向前衝吧！

放下吧！放下心中的顧慮，不要讓那些顧慮影響你想做的事，積極地去面對，為了我們的目標而放下，放下了會讓你看到新的希望，放下我們該放下的，擺脫心中的雜念，為自己想做的事情而努力。

放下你的顧慮

「失敗是成功之母」，已經失敗了，還有什麼顧慮呢？不如放下顧慮，繼續向前進。

小明剛開始學英文時，很喜歡英文這個科目，總是一直纏著老師問：「老師，什麼時候才考試啊！」老師回答：「過幾天。」

考試的那天，小明信心滿滿的，以為自己一定會考好。過幾天，結果很快出來了，小明竟然只考了五十五分，他又氣又傷心。回到家，失望地把考試結果告訴了爸爸媽媽，可是爸爸媽媽並沒有生氣，而是溫和地對他說：「孩子，不要氣餒，失敗是成功之母，人難免會有失敗的時候，你應該把失敗的原因找出來，汲取教訓，下次考得更好。」

聽了爸爸媽媽這些意味深長的話，小明才平靜下來，並回憶了考試經過。原來在考試的時候，他對老師說的意思理解錯了，老師讓他們在答題紙上用字母「A、B」作答，他卻粗心大意，寫成了數字「1、2」，再加上心情緊張，腦子變得遲鈍了，一時沒反應過來，將答卷交了上去。

最終，小明找到了失敗的原因。在以後的各種考試中，無論是語文考試，還是數學考試，他都時時刻刻提醒自己不要緊張，認真聽老師講考試規則，不給自己施加壓力，不患得患失，顧慮重重。在期中考時，他放下了緊張的心情，取得了第二名的好成績。

「失敗是成功之母」，面對失敗，不膽怯只是成功的第一步，更重要的是放下心中的顧慮，失敗後認真反思，找出失敗的原因去克服它。放下顧慮，能讓我們創造更多鍛煉的機會，也就會更進步了！

人的一生本來就是不完美的，如果處處如意，便只有一種單調的色彩。正是因為有了失敗，才能彌補它的殘缺，令其豐富。生活本身就平淡如水，放一點糖它就是甜的，放一點鹽它就是鹹的。想調製什麼樣的味道，全在於自己的心境。

心胸放開了，一切的悲哀和傷害便顯得微不足道。顧慮放開了，你就會坦蕩地活著，就會用坦然的態度去迎接一切，承受一切。心如果能夠放開，能夠自由，天空才會無雲，陽光才會燦爛，生命之花才會盛開！

人只有摔跤之後才能學會走路，人人皆懂，可是，我們長大後，反而顧慮各種東西，懼怕摔跤了，其實顧慮不能解決任何問題的，顧慮也不能阻止你摔跤。不要為一些經驗所束縛，做自己喜歡做的事，只要你喜歡，拋開一切，那麼一切皆有可能。

失敗並不可怕，不要把失敗當成一種顧慮，不要讓失敗成為你向前進的絆腳石，要找出它的原因去努力打破它！用坦然的心面對困難，永遠向前！放下一切顧慮，立即行動起來，用你的滿腔熱情，積極投入到有趣有味的工作中去。老天不負有心人，你有多大的投入，就會得到多大的回報，相信你一定能走向成功。

智慧品人生

放下顧慮，並對自己狠一點，徹底一點。狠到要心有餘悸，之後再也不敢越雷池半步；徹底到萬事已過，寵辱皆忘。愈是顧慮，愈是無法坦蕩，只有放下顧慮奔跑著努力向前，不再回頭，才會成功。

3．管得住自己，才能成就大事業

管得住自己，是成功不可缺少的條件。

學會約束自己

每個人都有欲望，欲望是人的一種本能，睏了有睡欲，缺東西用時有物欲，想做領導有權欲。任何人都有欲望。有了這些欲望，就會產生實現這些欲望的行為。人的行為正是源於欲望。正常的欲望，輔之以正當的行為，就會產生良好的預期效果。

然而，在現實生活中，許多罪惡和醜陋現象的形成，根源往往在於不正常的欲望或非理性的欲望。所以，人面對欲望時，不僅要規範自己的行為，還要自己管住自己，更重要的是控制好自己過分的欲望。

欲望過多過大，必然就會貪心。貪求私欲者往往被財欲、物欲、色欲、權欲等迷住心竅，終至縱欲成災。《韓非子．解老》說：「有欲甚，則邪心勝。」私欲太多，邪惡的心思便占了上風。《劉子．防欲》說：「欲熾則身亡。」私欲太強烈了，會使人喪命。《慎言．見聞篇》說：「貪欲者，眾惡之本。」把貪求私欲作為一切罪惡的根源。

放縱自己的貪欲，就會心生邪惡，就會腐敗墮落，甚至招來殺身之禍。貪欲，不知斷送了多少官員的仕途，又不知使多少人作繭自縛，身敗名裂。所以，自己管住自己先要管住自己的欲望，切不可任意放縱。

人，一定要自覺地、嚴格地管束自己，充分意識到不嚴格管束自己後患無窮，一旦釀成大錯再管自己就後悔莫及了，其結果只能是「親者痛，仇者快」。一個政府官員在政壇摸爬滾打一輩子，最幸福的事莫過於平平安安地度過自己的政治生涯。為此就必須自覺地接受國家法律、法規的約束，受社會道德、觀念、輿論的約束，尤其要自覺地規範自己的行為。

約束自己很難，管住自己更難。聰明人做事要時時考慮後果，考慮後果就是終身愛護自己、保護自己，而不要自己毀了自己。世界上最關心自己的莫過於自己，自己不管自己，誰管自己？不管我們做什麼事情，都要嚴格地約束自己，為我們的事業而規範自己。

管好自己＝成功

人生最大的不足就是不能戰勝自己的懶惰自棄，最難的是管住自己的私心雜念。管住自己，就能管住世界；管住自己，就能戰勝困難；挖掉毒瘤，就能永遠健康。要做到這三點，僅有決心是不夠的，僅在具體上下功夫是不行的，必須要正確清理心靈的垃圾，用知識擦亮眼睛洞察是非，用理論指導自己不走偏路。真正的人生道路，源於自己，超脫自己。沒有自律，就不會有成功。

有一個脾氣不好的小男孩，總是在家裡發脾氣，摔摔打打，特別任性。有一天，爸爸把這孩子拉到後院的籬笆旁邊，說：「兒子，你以後每跟家人發一次脾氣，就往籬笆上釘一根釘子。過一段時間，你看看你發了多少次脾氣，好不好？」孩子想：那有什麼？我就試試吧。

後來，他每嚷嚷一通，就往籬笆上釘一根釘子。一天下來，自己一看：哎呀，一堆釘子！他自己也覺得有點不好意思。

他爸爸說：「你看你要克制了吧？你要能做到一整天不發一次脾氣，那你就可以把原來敲上的釘子拔下來一根。」這個孩子一想，發一次脾氣就釘一根釘子，一天不發脾氣才能拔一根，多難啊！可是為了讓釘子減少，他也只能不斷地克制自己。

一開始，男孩覺得真的很難，但是等到他把籬笆上所有的釘子都拔光的時候，他忽然發覺自己已經學會了克制。他非常欣喜地找到爸爸說：「爸爸快去看看，籬笆上的釘子都被拔光了，我現在不發脾氣了。」

爸爸跟孩子來到了籬笆旁邊，意味深長地說：「孩子你看，籬笆上的釘子都已經被拔光了，但是那些洞永遠留在了這裡。其實，你每向你的親人朋友發一次脾氣，就是往他們的心上打了一個洞。釘子拔了，你可以道歉，但是那個洞永遠不能消除啊。」

所以，不論我們做哪件事情，都要先想一想後果，就像釘子釘下去，哪怕以後再拔掉，籬笆已經不會復原了。做事前一定要謹慎再謹慎，以求避免對他人的傷害，減少自己日後的悔恨。

學會克制自己的情緒，記住禍從口出；學會自己管住自己，就會減少對朋友、同事、親人的傷害，那麼你的人際關係會更和諧一些，我們所處的世界會更多一些溫暖，你的事業成功的機會也會更多一些。

管好自己，也是留一盞明燈照亮自己。前路茫茫，坎坷泥濘，那淒迷的風雨、重重的迷霧常常讓我們辨不清方向，找不到路徑。但是，只要我們牢牢地管住自己的內心，不動搖，不迷失，那我們就不會偏離正確的人生軌道。

在我們奮鬥的過程中，一時的喝彩，短暫的掌聲，雖然會讓人心潮澎湃、激動不已，但也最容易使人駐足留戀。如果我們沉溺於一時的快意，而忘了最終的目標，那麼就會喪失鬥志，甚至遺恨終生。學會自己管好自己，為了最終的目標而堅持。

智慧品人生

你在風雨兼程的人生旅途中艱難跋涉時，千萬不要忘了管好自己。只有這樣，才能不斷地透視自己的靈魂，檢點自己的內心，讓自己在為理想而奮鬥的過程中，一刻也不背離自己的初衷，一刻也不迷戀沿途的風景；讓我們的行為堂堂正正，讓我們的手腳乾乾淨淨，讓我們的收穫實實在在。

4．鍥而不舍與鍥而舍之

> 騏驥一躍，不能十步；駑馬十駕，功在不舍；鍥而舍之，朽木不折；鍥而不舍，金石可鏤。
>
> ——荀況

堅持不懈，不屈不撓

人生的成功，事業的發展，取決於主客觀的多種因素。王安石認為：「世之奇偉瑰怪非常之觀，常在於險遠，而人之所罕至焉，故非有志者，不能至也。」這啟示我們：要看到常人無法看到的奇觀，達到常人無法企及的高度，就要堅持不懈，勇往直前。

勇往直前，是無往不勝的必要前提；百折不回，是走向成功的重要保證。進一步，可能風景如畫；退一步，可能遺憾終生。做事情應該有一種堅持不懈，不屈不撓的精神，只要確認了方向，就不會為困難所嚇倒，不因干擾而動搖，義無反顧地將追求進行到底。

在這個世界上，沒有人一出生就註定會成功，也沒有人一開始就註定會失敗，成敗的結果取決於過程，取決於自己，只要自己全力以赴，堅持不懈，永不言棄，那便無悔於天地。讓我們一起努力地堅持，努力地為之奮鬥。

查德威爾是一個成功橫渡英吉利海峽的女性，但她並不滿足，決定超越自己，她想從卡塔林那島游到加利福尼亞。整個游程十分的艱苦，刺骨的海水凍得查德威爾嘴唇發紫，連續十六小時的游泳使她的四肢異常沉重。查德威爾感到自己快不行了，可目的地還不知有多遠，如今連海岸都看不到。

愈想愈累，她感到自己一點勁兒也用不上了，於是對陪伴她的艇上的人說道：「我放棄了，快拉我上去吧。」

「只剩一公里就到了，堅持一下！」

「我不信，如果只有一公里，我怎麼看不到海岸線，快拉我上去。」

查德威爾最終被小艇上的人拉了上去。

小艇飛快地向前開去，不到一分鐘，加利福尼亞的海岸出現在眼前——因為大霧，它在半公里範圍內才能被人看見。

查德威爾後悔莫及：「為什麼不相信別人的話，再堅持一下呢？」

其實有的時候成功與失敗的差距往往僅有一點點，前面大部分的困難已使人筋疲力盡，這時即使一個微小的障礙也可能導致前功盡棄，你只要咬緊牙關堅持一下，勝利便近在眼前。

在現實生活和工作中，往往有許多人對失敗下的結論都太早，當遇到了一點點挫折時就對自己的工作產生了懷疑，甚至半途而廢，以至於前面的努力都白費了。只有經得起風雨和各種考驗的人才會是最終的勝利者，因此，不到最後關頭絕不要放棄，一定要堅持到底。

亦捨亦得

做任何一件事情都不要半途而廢，必須堅持到底，鍥而不舍方能成功。但是並非萬事皆要鍥而不舍，有時必須慎重考慮，然後適時放手，鍥而舍之。

東漢末年，諸葛亮侍奉蜀主劉禪，六出祁山，每次都是用盡奇計，大破敵軍。而每次都是在即將問鼎漢中寶地之時，無知皇帝聽信讒言，宣諸葛亮回朝，導致漢中之地諸葛亮到死也未得到。

人們常歎可惜，但試想若諸葛亮不聽皇令，不班師回朝，乘勝追擊，即使得到了漢中之地，最後還不是會落個不忠不義之名。若諸葛亮鍥而不舍，追擊敵軍，那他縱使有過人之智，又怎會像現在一樣流芳百世呢？諸葛亮鍥而舍之，正是他智慧所在啊！

可見，有時候鍥而舍之是多麼有必要。如果能夠將鍥而不舍與鍥而舍之相結合的話，那這個人必將有一番作為。

鍥而不舍是一種難能可貴的堅韌毅力，而鍥而舍之更是一種非常人所能有的明智舉措。一個人既能一直鍥而不舍，又能適時鍥而舍之的話，那便是人們常說的大智大勇之人了吧。集智慧與勇氣於一身，何愁會碌碌無為呢？

心比天高，人的理想是遠大的；然而人生中往往要捨棄一些東西，看似簡單的事情，卻要我們運用智慧去取捨。捨得，捨得，不捨不得。捨就是得，小捨有小得，大捨則大得，不捨則不得。所以，人生的學問不是如何去得，而是在於如何去捨，學會了捨才懂得了得。

智慧品人生

人們要懂得捨棄，善於捨棄，找到自己真正的目的，開闢出兩點間最短的那條線段並為之奮鬥；如果總是不捨得，生命中就會出現許多枝枝節節，最終失去主幹，留下的只有一顆支離破碎的、空虛的心靈。該捨棄的時候我們就要捨棄，為了我們的理想而加油！

第八章
修身養性，心隨意動——愈放下境界愈高

放下是心靈的本質，是一個人修身養性的基礎。

何時放下，何時能獲得輕鬆。

當你有一天能做到不再畏懼失去，能以更廣闊的心胸去看世界和面對周圍的人事物時，你已經變得更具包容力、更有氣度且更顯恢宏。

1．放下，修身養性的最高境界

忍，不是修身養性的最高境界，修身養性的最高境界是放下，放下心頭的那把刀，就不用忍了。否則，那把刀遲早要開殺戒，不殺人就會殺自己。放下了，也就無所牽掛了。

放下是心靈的本質

在內心轉變的過程中，我們要有勇氣放下每一件曾經太過堅持、急於求成的事物，放下過去的偏見、現在的執著、未來的野心，還要具備更多的勇氣棄絕傲慢、惡習、自私自利，還有凡事都要滿足自我欲望的心。

這聽起來好像是一項很艱巨很難完成的任務！你或許還會懷疑，假如我們真正放下一切事物，一切已無足輕重，那麼活在這個世界上還有什麼意義可言？還有什麼是值得我們去追求的？

或許我們在害怕放下所有之後，將會一無所有，一切都將歸零，生命從此不再熱情，生活也從此不再精彩，甚至人生將徒留空虛和遺憾……但是，反過來想想，當我們試著在放手退讓的那一刻，獲得的心靈自由與愜意卻是滿滿的，超乎意料的輕鬆自在。

世間之事，紛繁蕪雜，假作真時真亦假，真作假時假亦真。陶淵明有詩曰：「結廬在人境，而無車馬喧。問君何能爾，心遠地自偏。」這是一種難能可貴的「安心」。

從嬰兒、孩童、青少年到成年，人們必然是因為不斷地放下，才能讓生命蘊藏更大的智慧。當我們安下心來，便可以清楚地瞭解，自己不再是生命中所有事物的主宰、占有者，自己的房子、財產，甚至是家人、妻兒，也只不過是暫時屬於自己而已。這一切的自然關係，如若不能放下，以良好的心態來看待，就將演變成愚蠢的掠奪戰爭。

人生是一段苦旅，一路走來，酸甜苦辣，滋味百般。那該如何珍重自我、修身養性呢？其實，修身養性最重要的是要學會「放下」，唯有如此，才能活得自在。

比起曾經的歲月，我們現在的時代發展步伐要快得多了，為自己安排一些時間修身養性，似乎成了一種奢望。日常生活和工作中的諸多壓力、困惑，往往會讓人深陷其中，不能自拔。只有懂得放下的人，才能修身養性，最終成為生活的強者；而整日忙碌不休的人，收穫的往往只是焦慮和疲憊。做人，要想洗去心靈的汙垢，必須要學會放下。

放下雜念，陶冶情操

現實中，人往往會感到活得很累，甚至為此付出不同程度的代價，其實這都是心雜的結果。看到別人住別墅，便歎息自己只有數十平方公尺的住房；看到別人坐豪華賓士，便歎息自己還是自行車族；看到別人官至廳處級，便歎息自己還是科員級；看到別人年薪上百萬，便歎息自己只有數萬元的月薪。

隨著人們心思的日益複雜化，人就如同捲入一個紛繁複雜的「江湖」。人們隨時面臨著矛盾，面臨著挑戰，面臨著抉擇，成功或失敗，存乎一念之間；選擇或放棄，敲打著每一段神經。

對於「名」和「利」，人們已愈來愈麻痺，心事也愈來愈重。人們拋不開，更放不下。想想，一個人心中長期充滿著欲望，充滿著雜念，充滿著牽掛，又怎能活得輕鬆呢？

煩惱與雜念就像野草，要想除掉，只有一種方法，那就是在上面種莊稼。同樣，要想讓心靈無紛憂，唯一的方法就是用美德去占有它。自省、自修，自我提升，保持高貴豐盈的心態，那些雜草自然就會銷聲匿跡。

想要達到修身養性的最高境界，絕非一時之功。堅持的時間愈長久，境界愈高，心愈靜。久而久之，習慣成自然，自然不知不覺中就會變成日常行為了。什麼時候變成日常行為了，什麼時候就達到了修身養性中「養」的境界了。

修身養性通過「修」，通過長時間的「養」，就會從根本上改變你的本質，變不可能為可能，達到人生的一個質的變化，是過去自己的昇華版，是完完全全的改變。修身養性的過程就是一個脫胎換骨的過程，是改變舊我，放棄舊我，創造新我的過程，並且這個過程就是不停止且不斷昇華的過程。如果中途稍有鬆懈，便會前功盡棄。

智慧品人生

人們無論做什麼事情之前，最好先做一番思考，不起貪婪之心，不要因為一時之癡迷，而不考慮事情會產生什麼樣的後果，所以做事首先要謹慎和慎重。如果尋求不必要的煩惱，必然不會有什麼好處。要有那種「美人捲珠簾，深坐顰蛾眉」，我則「窮人低倚窗，靜立思古今」的淡然心境。

2・有一種養心方法叫放下

一個「放」字，千般哲理。運用得好，就會使複雜的生活回歸簡單，紛亂的思緒回歸明晰，浮躁的心境回歸淡然。「放」作為生存之態，是化繁為簡後的睿智，是畫龍後的點睛，是深刻後的平和。正如梭羅所說：「一個人愈是有許多事能夠放得下，他就愈是富有。」

學會放下，才能養心

著名詩人白居易有一次去拜訪好友，問道：「請問，做人的道理是什麼呢？」好友回答：「諸惡莫做，諸善奉行。」（也就是劉備臨死前告誡自己兒子阿斗的「勿以惡小而為之，勿以善小而不為」的意思）

白居易聽了大惑不解，因為做人的道理都是很玄乎深奧的，於是就有些失望地說：「三歲小孩子都知道這個道理。」好友笑了笑說：「三歲小孩易，八十老頭難！」其實，做人的道理誰都知道，可要做到而且是一輩子堅持就很難！這就是養心之得。

修身養性，聖人之追求，但修身必先修其心，分對錯者必知善惡，分善惡必定知其可為不可為。修心之人，最怕的就是放不下。明知對錯，為世事而放不下；明知善惡，為環境而放不下；明知可為與不可為，為名利而放不下。誰都想真正修心，但若諸多放不下，讓其束縛於心，又怎能修身，何談修心？

人生在世，放不下的東西有太多太多：有了功名，就對功名放不下；有了金錢，就對金錢放不下；有了愛情，就對愛情放不下；有了事業，就對事業放不下。這些煩惱與壓力，使很多人的生活變得非常艱苦。

如能清心寡欲便會輕鬆自在，隨遇而安便能自得其樂，放下就是解脫，只有放下，生活才不會那麼繁雜，從而才能變得簡單快樂。

放下，實在是最好的修心之道。

放下即是養心

現實生活中，困擾人們的不是當下的生活，而是人們放不下的心靈。有些事之所以放不下，就是因為人們心中的雜念太多。只要我們日日更新，時時自省，就會擺脫世俗的雜念，擺脫困擾。只要我們用心去做，不論我們身處何地，都能夠保持一份安靜平和的心態。

在人生漫漫旅途中，有很多東西已經失去，然而失去就讓它失去吧！因為失去有時也是一種美麗。社會競爭很激烈，我們在追逐事業的同時，還要想辦法保護我們已經取得的成績。很多人會抱怨，我們太累了，殊不知，我們應該學會解除這些束縛，給自己減壓，讓自己活得輕鬆，活得快樂，這就需要有一顆平常心了。

一個人能達到心靜的境界，就不會迷茫，但是很少有人做得到，因為在這個世上有太多太多的誘惑，像是：更高的薪水、更高的職位、更好的車、更先進的美容技術、更高級的名牌奢侈品……這些都是人的欲望所求，很多人是根本放不下的。

雖然我們不可能完全拋開世間之事，但有一點是要做到的，那就是不被外界環境所干擾。我們要清楚地知道什麼才是自己所要的，而什麼是盲目在追求的，是毫無意義的。如果有太多的東西放不下，這些重擔與壓力，會使很多人生活得非常艱苦。人要學會放下，如果對於一切事物都能泰然處之，我們就能擁有悠然、快樂的生活。

世間萬物變化多多，我們不必執著於心愛的事物而難以割捨，我們愛一種事物的初衷，並不是為了失去它時要傷心。失去的就讓它失去，何必執著？唯有放下，才能解脫。

擁有者偶有的快感，或許只在看到擁有物的那一瞬間，但那一瞬轉眼即逝，而因擁有所產生的恐懼感卻一直存在。所以，擁有太多的東西，有時會成為一種負擔。當然，只要有一種良好的心態——也就是放下，這種負擔感就不會存在了。

智慧品人生

如何待人處世就是你的命運，也就是說，你的命運是自己掌握的。人世間沒有無緣無故的愛，也沒有無緣無故的恨。所謂君子之交淡如水，與朋友之間交往過分了，就要付出代價。名利恩愛盡量看淡一點，少一些執著，少一些約束，也就會少一些煩惱。擁有一顆平常心，知足常樂，放下就能解脫。

3．放下，也是一種美

生活中我們要學會適當放手；愛情中我們也要學會適當放手；為人處世中我們也要學會適當放手！因為，放手有的時候也是美麗的！

放下，美麗就在背後

放下也是一種美！只有學會了放下，你才能更好地拿起！

孟子曾云：「孔子登東山而小魯，登太山而小天下。」也就是說，人站得愈高，視野就愈廣闊。隨著視野的轉換，人們對人生也會有新的領悟，站在某個時間或空間來看，整個人類也不過是歷史長河的匆匆過客，更何況每一個人和每一件具體的事呢。

有些人總在感嘆時運不濟、造化弄人，為什麼老闆沒有提升我？為什麼沒有人愛我？為什麼我愛的人會離我而去？為什麼不幸的事情總會發生在我的身上？為什麼別人總是事事針對我？為什麼幸福離我那麼遙遠……

每個人的一生都不可能是一帆風順的，有成功也有失敗，有高潮也有低谷。面臨困境時你是怎麼做的呢？哀歎老天的不公、埋怨自己的不爭氣、指責別人的過錯嗎？放下吧，把這一切都放下，把那些不屬於自己的東西統統放下，沒有必要背負這些沒用的東西繼續前行，那只會變成自己的負擔和障礙。

無論任何時候，我們都有選擇的權利，選擇放下還是背負。適度地放下，挺直腰身會比彎腰看得更遠，看到更多的可能性，從而有利於自己重新作出選擇，信心百倍地投入到新的生活之中，感受生命的豐富多彩。

放下能使人變得寬容，把奸臣小人視為粉塵；放下是一種睿智，使人感受到休憩的調整和策略的機靈；放下是波峰之前的波谷，漲潮前的退潮，有了波谷才會有波峰的出現，有低潮才會有高潮的到來。

放下是生活中必不可少的一種心態。天有四季，並非都適宜耕種，春種夏長秋收冬藏，知與時進退，方自得其樂。放下可以使生活多一些色彩，多一些感覺。不必為過去的得失而後悔，不必為現在的得失而煩惱，也不必為未知的未來而憂愁。

學會放下，你會變得更加快樂、更加美麗起來。因為美麗就在放下的背後藏著。

學會放下，才能發現美麗

有一個盲人在過一座小橋的時候，橋突然塌了，他在情急之下抓住了一根橫木。由於眼睛看不到，他想像著自己腳下是萬丈深淵，於是便大呼救命，生怕摔下去會粉身碎骨。

這時來了一位老者，告訴他：「只要你放開手，放開就是平地。」但盲人想的都是可怕的後果，緊緊抓著不肯放手，直到筋疲力竭堅持不住時方才鬆手，果然一下子就落在了平地上。原來，他的腳離平地不過一尺多高。

其實，放下是很簡單的，只不過不懂得去嘗試放下，不願意花哪怕一分鐘的時間去停留欣賞風景。更何況每個人都有屬於自己的生存空間，要放棄那些賴以生存的東西本就是一種痛苦，怎麼能說放下就放下呢？

人生在世，被諸多事情所牽絆是必然的，要立刻放下並非易事，但放下並不是要放棄，也不是將其他事情置之不理，而是放下束縛心靈的事情。修身貴在修心，只有學會放下，讓心靈得到解脫，才是真正的修身養性，才會清靜地去觀看那些圍繞在身邊的美。

學會放下是一種心境，懂得放下是一種修養，適時放下是一種自在，只有會放下的人才會發現世事的美，才會驚歎曇花一現的美麗，才會駐足柳抽新芽的清新。要想達到修身養性的最高境界，非放下莫屬。

在喧鬧的都市裡生活慣了的人們，要放下周遭一切談何容易，所以也就沒了一份駐足美麗的心，也就少了一份放下的勇氣，少了一份修身養性的定性。該放下的始終要放下，不管再怎麼努力，不屬於你的始終不是你的。

學會放下，發現其美，就會發現原本困擾自己的事情根本微不足道，就會發現原本刺眼的陽光給自己照射出的美好，也才會發現那些阻礙自己的困境，其解決之道其實就在自己背後。

智慧品人生

人在不斷成長的過程中，想想那些失去的、錯過的人事物，也許那些你不曾擁有的並不是自己真正需要的，越過了這道坎，渡過了這條河，會有更好的等著我們。

生活中沒有什麼不能放下的。放下了，仰望天空，天仍是那樣藍，陽光依然燦爛，環顧四周，花依舊嬌豔，歌聲仍然曼妙。放下吧，美就在身邊。

4・多一物多一心，少一物少一念

人生在世，多一物多一心，少一物少一念，不要為外物所拘，心安理得處，就可明心見性。

簡單、平淡即是福

有一個漁夫和一個富翁在河邊曬太陽。富翁問漁夫：「你為什麼不去租條船，搞海運呢？」

漁夫問：「然後呢？」

「然後就可以做生意賺很多錢啊！」

「再然後呢？」

「你就可以買條船，建立自己的商隊。」

「接著呢？」

「接著你就發財了，和我一樣成了富翁。」

「成為富翁又如何呢？」

「成了富翁以後就可以悠閒地在河邊曬太陽。」

「我現在不正在悠閒地曬太陽嗎？」漁夫最後反問道。

「不拘於物」是一門學問，需要有大智慧，需要有大捨棄。智慧會讓我們生活得快樂且充實，捨棄會讓我們生活得輕鬆而無羈絆。不要顧忌捨棄而拒絕簡單的生活，那樣的話，你將不堪重負，顧慮重重，心力交瘁……「不拘於物」的內涵在於拋卻雜念，平淡生活。

生活就是過日子，因此沒必要繞太多的彎子，彎子太多會加重你的負擔，影響你的情緒，導致惡劣的結果。其實，只要你夠純粹，把握住人生最重要的，你便會覺得前景一片廣闊。錯過了太陽，不是還有點點的繁星嗎？

有的人對生命有太多的苛求，弄得自己生活在筋疲力盡之中，從沒體味過幸福和欣慰的滋味，生命也因此局促匆忙，憂慮和恐懼時常伴隨，一輩子實在是糟糕至極。

做人須知月圓月虧皆有定數，豈是人力所能改變的？不如放下，給生命一份從容，給自己一片坦然。我們這輩子可能過得較為平淡、清貧，可能過得不聲不響，沒有輝煌。但也許，這正是我們的幸福所在。珍惜這種平淡和清貧，珍惜這種不聲不響的幸福。在人生長河中，拋卻利益壘成的重負，事業之舟才會少一份累贅，少一份羈絆；在滾滾紅塵中，割捨掉榮譽編織的花環，心靈之旅才會多一份從容，多一份動力。

人這一生，誰也帶不走的是財富，誰都能留下的是名聲，人不能把金錢帶進墳墓，金錢卻能把人帶進墳墓。英國心理學家威廉曾說過：「成功、事業、名利、權勢等精神方面的支柱，可以使人突飛猛進地發展，達到某種領域的巔峰，獲得人生的幸福和快感，但同時也可以把人擊垮，徹底地毀掉一個人。」哲人王雨生也說過：「刻意追求輝煌人生者，其一生中會有一萬個不如意；而樂於過平常生活的人，其一生中會有一萬個滿足。」

對於外物的追求和刻意的執著，是人生痛苦的根源。學會放下，不拘外物，會另有收穫。超越外物，就是超越自我，無物無我，自己的心境也就不會隨著外物的變化而波動，正所謂「進亦憂，退亦憂」，不假於物，才能造就自我。

智慧品人生

人生在世，多一物多一心，少一物少一念，不要為外物所拘，心安理得處，就可明心見性。人想要自由地棲居，須得放得下繁華，耐得住寂寞，若是心戀浮華，不捨喧囂，那就終不得心靈的安然。

有一種心態叫放下（全新修訂版）

作　　者　黃冠誠

發 行 人　林敬彬
主　　編　楊安瑜
編　　輯　李彥蓉・王艾維
美術編排　安　迪・王艾維
封面設計　劉秋筑

出　　版　大都會文化事業有限公司
發　　行　大都會文化事業有限公司
11051台北市信義區基隆路一段432號4樓之9
讀者服務專線：(02)27235216
讀者服務傳真：(02)27235220
電子郵件信箱：metro@ms21.hinet.net
網　　　址：www.metrobook.com.tw

郵政劃撥　14050529 大都會文化事業有限公司
出版日期　2011年6月初版一刷・2014年3月初版十刷
2014年10月修訂初版一刷・2014年12月修訂初版三刷
定　　價　220元
I S B N　978-986-5719-29-6
書　　號　Growth-077

4F-9, Double Hero Bldg., 432, Keelung Rd., Sec. 1,
Taipei 11051, Taiwan
Tel:+886-2-2723-5216　Fax:+886-2-2723-5220
Web-site:www.metrobook.com.tw
E-mail:metro@ms21.hinet.net

Cover Photography: FULLERTON TECHNOLOGY/A026030, A026004, A026047.

國家圖書館出版品預行編目資料

有一種心態叫放下（全新修訂版）／黃冠誠著.
-- 修訂初版. -- 臺北市：大都會文化, 2014.10
240面；14.8×21公分.

ISBN 978-986-5719-29-6（平裝）
1.人生哲學　2.修身

191.9　　103018497

大都會文化　　讀者服務卡

書名：**有一種心態叫放下（全新修訂版）**

謝謝您選擇了這本書！期待您的支持與建議，讓我們能有更多聯繫與互動的機會。

A. 您在何時購得本書：_____年_____月_____日

B. 您在何處購得本書：__________書店，位於__________(市、縣)

C. 您從哪裡得知本書的消息：

1.□書店　2.□報章雜誌　3.□電台活動　4.□網路資訊

5.□書籤宣傳品等　6.□親友介紹　7.□書評　8.□其他

D. 您購買本書的動機：（可複選）

1.□對主題或內容感興趣　2.□工作需要　3.□生活需要

4.□自我進修　5.□內容為流行熱門話題　6.□其他

E. 您最喜歡本書的：（可複選）

1.□內容題材　2.□字體大小　3.□翻譯文筆　4.□封面　5.□編排方式　6.□其他

F. 您認為本書的封面：1.□非常出色　2.□普通　3.□毫不起眼　4.□其他

G. 您認為本書的編排：1.□非常出色　2.□普通　3.□毫不起眼　4.□其他

H. 您通常以哪些方式購書：(可複選)

1.□逛書店　2.□書展　3.□劃撥郵購　4.□團體訂購　5.□網路購書　6.□其他

I. 您希望我們出版哪類書籍：（可複選）

1.□旅遊　2.□流行文化　3.□生活休閒　4.□美容保養　5.□散文小品

6.□科學新知　7.□藝術音樂　8.□致富理財　9.□工商企管　10.□科幻推理

11.□史地類　12.□勵志傳記　13.□電影小說　14.□語言學習（____語）

15.□幽默諧趣　16.□其他

J. 您對本書（系）的建議：

____

K. 您對本出版社的建議：

____

讀者小檔案

姓名：__________ 性別：□男　□女　生日：____年____月____日

年齡：□20歲以下 □21～30歲 □31～40歲 □41～50歲 □51歲以上

職業：1.□學生 2.□軍公教 3.□大眾傳播 4.□服務業 5.□金融業 6.□製造業

7.□資訊業 8.□自由業 9.□家管 10.□退休 11.□其他

學歷：□國小或以下 □國中 □高中／高職 □大學／大專 □研究所以上

通訊地址：______________________________

電話：（H）__________（O）__________ 傳真：__________

行動電話：__________ E-Mail：__________

◎謝謝您購買本書，歡迎您上大都會文化網站（www.metrobook.com.tw）登錄會員，或至Facebook（www.facebook.com/metrobook2）為我們按個讚，您將不定期收到最新的圖書訊息與電子報。

有一種心態叫放下

全新修訂版

北區郵政管理局
登記證北台字第9125號
免貼郵票

大都會文化事業有限公司
讀者服務部收

11051 台北市基隆路一段432號4樓之9

寄回這張服務卡〔免貼郵票〕
您可以：
◎不定期收到最新出版訊息
◎參加各項回饋優惠活動

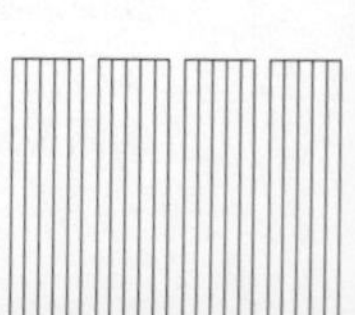

大都會文化
METROPOLITAN CULTURE

大都會文化
METROPOLITAN CULTURE

大都會文化
METROPOLITAN CULTURE

大都會文化
METROPOLITAN CULTURE